suhrkamp taschenbuch 1340

Tilmann Moser, geb. 1938, studierte Philologie, Politik und Soziologie in Tübingen, Paris, Frankfurt und Gießen. Seine anschließende Ausbildung zum Psychoanalytiker erfolgte am Sigmund-Freud-Institut in Frankfurt. Sechs Jahre lang war Moser Dozent für Psychoanalyse und Kriminologie am Fachbereich Rechtswissenschaft der Frankfurter Universität. Seit 1979 arbeitet er in freier Praxis als Psychoanalytiker in Freiburg. Veröffentlichungen: *Gespräche mit Eingeschlossenen; Jugendkriminalität und Gesellschaftsstruktur; Repressive Kriminalpsychiatrie; Lehrjahre auf der Couch; Gottesvergiftung; Verstehen, Urteilen, Verurteilen; Grammatik der Gefühle; Stufen der Nähe; Familienkrieg; Eine fast normale Familie; Kompaß der Seele.*

Psychotherapie ist ein kostbares Gut. Wenn sie glückt, kehrt dem Patienten Hoffnung zurück. Mißlingt die Therapie, hinterläßt sie ihn in einem oft schlimmeren Zustand: er fühlt sich um eine vielleicht letzte Hoffnung betrogen.

Von Gefahren handelt das Buch. Es zeigt sie auf in ihren Nuancen und Stadien: die Vorzeichen, die Wirkungen, die Folgen.

Tilmann Moser hat auch dieses Buch auf zweifache Weise professionell geschrieben: als erfahrener Psychotherapeut *und* als Patient, dem langjährige Analysen zur »psychischen Lebensrettung« wurden; und als Erzähler, dessen Sprache den Beistand erst wirksam, ja authentisch werden läßt.

# Tilmann Moser
# Kompaß der Seele

*Ein Leitfaden für Psychotherapie-Patienten*

Suhrkamp

Umschlagbild: Oskar Schlemmer, Ruheraum. 1925


suhrkamp taschenbuch 1340
Erste Auflage 1986

Druck: Ebner Ulm
Printed in Germany
Umschlag nach Entwürfen von
Willy Fleckhaus und Rolf Staudt

1 2 3 4 5 6 – 91 90 89 88 87 86

# Kompaß der Seele

# *Inhalt*

# *Vorwort*

Psychoanalyse und Psychotherapie sind ein kostbares und knappes Gut. Sie sind nicht nur teuer, sondern sehr oft schwer zu finden. Durch die Krankenkassenregelung bekommen viele Patienten den ökonomischen Preis allerdings gar nicht mehr zu spüren, oder erst in einem späten Stadium ihrer Therapie, wenn die Kasse aufhört zu zahlen. In vielen Fällen führt das kostspielige Verfahren auch zu Veränderungen im Leben: die Möglichkeit, ab und zu zufrieden oder gar glücklich zu sein, schimmert auf, wo für manche Menschen kaum noch Hoffnung war. Andere mag es, vor weniger dunklem Hintergrund, von schmerzhaften Symptomen befreien oder ihrem Leben eine reichere Farbe geben.

Mißlingt aber eine Psychotherapie oder eine Psychoanalyse, so hinterläßt sie den Patienten oft in einem schlimmeren Zustand als zuvor. Er ist um eine tiefe, manchmal letzte Hoffnung ärmer und schleppt sich außerdem mit Gefühlen des Versagens, mit Selbstzweifeln, Bitterkeit und einer nagenden menschlichen Enttäuschung weiter. Die französische Analytikerin Germaine Guex hat in ihrem großartigen frühen Essay über das »Verlassenheitstrauma« mit Nachdruck darauf hingewiesen, daß sie alle die Patienten, die sie nach einer mißglückten Analyse oder einer Therapie auf der falschen seelischen Ebene der Störung behandelte, in einem verschlimmerten, tief entmutigten Zustand vorfand. Was vielen also nützt und ihr Leben positiv verändert, hat für manche – es sind nicht wenige – eine unangenehme, schlimme oder gar entsetzliche Kehrseite.

Eine gelingende Psychotherapie ist kostbar, weil sie auf einer der wertvollsten, aber auch ständig bedrohten Fähigkeiten des Menschen beruht: zu vertrauen. Wird dieses Vertrauen enttäuscht oder gar nicht erst aufgebaut, so überschattet die

Enttäuschung auch andere Lebensbereiche, so, wie geglücktes Vertrauen ausstrahlt auf andere Beziehungen.
In der Regel ist der Patient ohne Vorerfahrung bei der Suche nach einem Therapeuten relativ hilflos. Vielleicht erhält er von einem Institut eine Adressenliste, mit der er sich ans Telefon setzt. Es gibt Fälle, die schnell zum Ziel führen: ein erster Anruf, eine rasche Verabredung zum Erstgespräch, eine Landung auf Anhieb. Doch das ist nicht die Regel.
Oft erfährt der Patient von langen Wartezeiten, oder er wird weiterverwiesen. Er telefoniert also weiter. Manche Patienten verhalten sich schon bei der Suche so ungeschickt, als hätten sie es fast mit System auf Absagen und kränkende Erlebnisse abgesehen. Schon beim ersten Telefonkontakt finden sie sich mitten in einer auch von ihnen mitarrangierten Wiederholung einer sehr frühen Konstellation: Sie provozieren gereizte Vorsicht oder Ablehnung, weil die Provokation von Vorsicht oder Ablehnung ein Symptom oder ein Charakterzug geworden ist. Aber gerade darum suchen sie ja Hilfe und scheitern doch oft schon auf der Schwelle. Viele verlassen sich bei ihrer Suche auf das Branchenverzeichnis im Telefonbuch, auf Zufallsinformationen oder auf Kleinanzeigen in Psychoblättern.
Kommt es dann zu einem Erstgespräch, so ist ein nicht geringer Prozentsatz von Patienten aufgrund ihrer Aufregung, ihrer Verwirrung, ihrer Angst und mangelnder seelischer Orientierungsfähigkeit gar nicht in der Lage, sich über die »Bekömmlichkeit« oder die für sie ausreichende Qualifikation des Partners ein Bild zu machen. Sie sind entweder froh, überhaupt jemanden gefunden zu haben, oder sie gehen unbewußt davon aus, einen hohen Preis an Not, Schmerzen und Mißverständnissen zahlen zu müssen, weil sie es nicht anders gewohnt sind. Bei der Suche nach einem Therapeuten funktionieren die verwickelten Gesetze der Partnerwahl ähnlich denen bei der Wahl von Freunden oder Ehepartnern. Für manche ist eine Störung der Kommunikation, eine bestimmte Form des Mißverstandenwerdens, der Spannung

oder Unklarheit geradezu die Voraussetzung für das Ja zu der Beziehung. Immer wieder habe ich es erlebt, wie Patienten hilflos erstaunt auf die Frage reagieren, ob sie den Eindruck hätten, ich könne geeignet oder »bekömmlich« sein für sie. Sie billigen sich einfach nicht das Recht der Prüfung zu, die Angst vor der Ablehnung nimmt ihnen die Möglichkeit des genauen Hinsehens, oder sie erleben ruhiges Zuhören schon als so überwältigend, daß sie auf ihre Gefühle und Wahrnehmungen gar nicht mehr achten können.

Einer meiner ersten Patienten gestand mir nach zwei Jahren Analyse, daß er mich nach einem Vortrag ausgesucht habe, der einen denkbar ungünstigen Eindruck auf ihn gemacht hatte. Er war davon überzeugt, ohnedies für sich einen guten Analytiker nicht zu finden. Er fand mich in meinem Auftreten ausnehmend schlecht, autoritär und hilflos, so daß ich mit seiner eigenen Selbsteinschätzung korrelierte. Er brauchte zwei Jahre, um seinen tief verborgenen Wunsch nach einem guten Therapeuten aufkommen zu lassen, sich die Verachtung für sich selbst und also auch für seinen Begleiter einzugestehen und spüren zu können, daß ich zwar nicht seinem geheimen Wunschtraum entsprach, dennoch aber besser war, als sein erster Eindruck hatte vermuten lassen, kurz: daß ich für ihn »ausreichend gut« war, wie es der englische Analytiker Winnicott formuliert. Mir verschlug es bei dem Geständnis die Sprache: ich war aufgrund des schlechten Eindrucks gewählt worden. Die zwei Jahre Analyse erschienen mir plötzlich wie ein Ritt über den Bodensee, der mit dem Einbruch ins kalte Wasser des bestätigten Selbstzweifels hätte enden können. Es gibt Spiralen zum Guten wie zum Schlechten, und das Ende mit Schrekken ist dann nur die Erfüllung einer längst gehegten Erwartung.

Mir selbst als Patient ist es, als ich mit einem erfahrenen Kollegen nach einem schmerzhaft mißglückten Analyseabschnitt das Erstgespräch mit meinem Therapeuten rekapitulierte, wie Schuppen von den Augen gefallen: ich hatte zwar vieles wahrgenommen, was mich störte, hatte aber tapfer und voller Angst, ich könne abgelehnt werden, darüber hinweggesehen. Ich hatte nicht das Gefühl, eine Wahl zu haben, ja, ich glaubte nicht einmal an die Möglichkeit, »wahrnehmen« zu dürfen. Deshalb ist dies ein Buch über das Wahrnehmen, eine Anleitung zum Prüfen der eigenen Gefühle, vielleicht ein Kompaß für Situationen, in denen die eigene Orientierungsfähigkeit eingeschränkt ist.

Der Anfänger auf der Couch oder auf dem Stuhl in der Praxis seines Therapeuten kauft sich eine kostbare Leistung, ohne den, der sie verkauft, recht prüfen zu können. Und die Fähigkeit zu prüfen kann ihm während des Verlaufs dieser Leistung immer weiter abhanden kommen. Er fühlt sich oft, wenn es mißlingt, ohne Rücktrittsrecht, er ist gebunden, verstrickt, er ist, wenn er sich losmachen will, Deutungen unterworfen, die ihm die Einsicht als Widerstand, Trotz, Feigheit oder mangelndes Durchhaltevermögen erklären. Solche Deutungen *können* stimmen und hilfreich sein. Sie können im ungünstigen Fall – und ich gehe vom Elend der ungünstig verlaufenden Fälle aus – die Eigenschaft einer Fessel aus Stacheldraht haben, die sich bei jedem Ruck zur Befreiung hin nur tiefer eingräbt.

Das Thema der therapeutischen Mesalliance ist inzwischen, wenn auch zögernd, zum Gegenstand psychotherapeutischer Forschung geworden. Was ich hier vorlegen kann, ist nicht Forschung, eher ein Erfahrungsbericht, eine Sammlung von Hinweisen, eine Ermutigung zum genaueren Wahrnehmen, zum möglichen Selbstschutz in verfahrenen Situationen, die vielleicht doch nicht bis zum bitteren Ende ausgekostet werden müssen. Denn eine mißglückte Therapie hinterläßt immer zwei Verwundete: den verstörten Patienten und einen mehr oder minder beeinträchtigten Therapeuten, der für einige Zeit mit Trauer, Selbstbezichtigung, Rechtfertigungsversuchen oder einer aggressiven Verschärfung der Diagnose des Patienten beschäftigt ist. Manche der Hinweise, auf die ich in einem langen Patientendasein und in einer etwas weniger langen Therapeutentätigkeit gekommen bin, sollen also auch für uns Analytiker und Therapeuten eine kleine Anregung zur Selbstprüfung sein.

Die Mehrzahl meiner Patienten befindet sich in Zweit- oder Drittanalyse, sowohl einzeln wie in den Gruppen. Nicht alle haben nur schmerzliche Erfahrungen hinter sich: manche suchen eine Weiterarbeit, eine Ergänzung; manche haben, trotz eines zufriedenen Gefühls ihrer früheren Therapie gegenüber, den Eindruck, daß sich nicht viel verändert habe. Manche aber sind tief verletzt, entmutigt, verzweifelt oder überzeugt, daß mit ihnen nichts anzufangen sei. Sie hatten aus dem Scheitern einer Therapie den Schluß gezogen, hoffnungslose Fälle zu sein, was sich früher oder später erneut herausstellen werde.

Was mich ermutigt, diesen Leitfaden überhaupt in Angriff zu nehmen, ist die wachsende Zahl von Patienten, die von meinen mißglückten Therapieversuchen gelesen haben und in der Hoffnung kommen, ihre eigenen Erfahrungen besprechen zu können. Manchmal gelingt es, und es erscheint zutiefst sinnvoll, den Einzelnen in einer Krise zum Weitermachen, zum Durchhalten zu bewegen, ihm einen Aspekt aufzuzeigen, den er in seinem Zweifel oder seiner Verzweiflung über seinen Therapeuten nicht gesehen hat. Manche brauchen das Gespräch, um einmal »auspacken« zu können, in der stillen Hoffnung, man falle *nicht* darauf herein und verwechsle den Seitensprung, das Klagen und die vorübergehende Entwertung oder Anklage des Therapeuten, den Zwang zur Untreue, zur Besichtigung von außen, nicht mit einer ernsten Störung. Sie sind vorübergehend mutlos, wütend oder verzweifelt, haben aber doch Hoffnung genug, um ihre verwirrten Gefühle mit einem Dritten zu besprechen. Sie sind dankbar, wenn man ihnen *nicht* glaubt, daß ihr Therapeut sie nur mißverstehe, quäle oder in eine falsche Richtung dränge. Sie hoffen, daß man die Stelle in ihrem »Familienroman« erkennt, an der sie zu einem Ausbruchsversuch neigen oder den vorübergehenden Schutz, den Rat oder die Ermutigung eines Dritten brauchen, um sich der Abhängigkeit oder dem Kampf neu stellen zu können.

Es gibt aber auch Patienten, die schwer an einer Mesalliance leiden und mit denen man, ohne den anderen Therapeuten zu entwerten, zunächst einmal über die Möglichkeit einer Überprüfung ihrer Gefühle oder ihrer Beziehung spricht und die realen oder befürchteten Konsequenzen eines Abbruchs oder eines Therapeutenwechsels bedenkt. Sie zweifeln an ihrem Verstand und ihren Gefühlen und fürchten, verrückt zu werden. Oft, wie schon gesagt, ist weder Rat noch aktiver Einfluß notwendig, lediglich der Beistand zur Wahrnehmung und Ordnung eigener Gefühle, oder der Hinweis auf die noch zu erarbeitende Möglichkeit einer Trennung. Es kommt immer wieder vor, daß Patienten, trotz ausreichend erkannter Unmöglichkeit einer gedeihlichen Weiterarbeit, durch eine geradezu überwältigende Loyalität gebunden sind, mit ganz unterschiedlichen bewußten oder unbewußten Phantasien: entweder des eigenen Untergangs bei Trennung, oder der Strafe, oder einer Schädigung oder Beschädigung des Therapeuten. Fast tragisch mutet es an, wenn man erfährt, daß ein monate-, ja, jahrelanger Kampf der Entscheidung vorausgegangen ist, einen Dritten um Rat zu fragen. Einige haben sich, aus Angst vor den Folgen der »Untreue«, auf dem Weg zu mir verfahren oder sich beschädigt, um den Seitensprung schon vorher zu büßen. Patienten aus stark gespaltenen Familien befürchten unweigerlich, man werde ihre Mitteilungen benutzen, um den Kollegen zu disqualifizieren, sie auf die eigene Seite zu ziehen, sie aufzuhetzen oder sie wütend zurückzuschicken, ohne ihr Recht auf Klage anzuerkennen.

Manche wagen den Seitensprung aber auch in der tiefen, im Verlauf ihrer Therapie gewachsenen Hoffnung, ihre im ganzen positive, wenn auch aktuell getrübte Erfahrung werde *einmal* von einem Dritten bestätigt und anerkannt, weil sie erst dann *wirklich* wird und angeeignet werden kann; oder –

auch dies ein Zeichen positiver Entwicklung – sie tragen eine Klage vor, um endlich – in einer Situation der Triangulierung, auf die sie in ihrer Therapie zusteuern – zu erleben, daß ein Dritter den Kummer mit dem Therapeuten nicht nur versteht, sondern auch in persönlicher oder kollegialer Loyalität auf die Vorzüge des anderen hinweist, trotz des vorübergehenden Elends und ohne Unheil anzurichten, und um über die Mühsal des schwierigen Weges ihn zu trösten und zu ermutigen.
Die Situation der Klage, Anklage und Verzweiflung über einen Therapeuten stellt eine große Herausforderung dar; sie fordert Konflikte im Inneren des Dritten heraus: die Größenphantasien, die Rivalität, die Rettungsphantasien, die Lust, eine unerträglich scheinende Bindung wie einen gordischen Knoten zu durchschlagen, aber auch die eigene Neigung, selbst dort Frieden und Versöhnung zu stiften, wo es nichts mehr zu stiften gibt. Am günstigsten ist es noch, wenn sich der Supervisionsinstinkt regt, falls es einen solchen gibt: wenn sich das dritte Ohr, obwohl nur eine Partei erschienen ist, einem in Gefahr geratenen therapeutischen Dialog öffnen kann und man selbst die Stimme des fehlenden Angeklagten mitübernimmt. Ich kenne aus eigener Erfahrung als Patient und aus den Berichten von Patienten die Situation gut genug, wo der Wunsch, die eigene Verzweiflung an sich und dem Therapeuten durchzusprechen, von einem anderen Therapeuten brüsk zurückgewiesen wird mit dem Hinweis: »Besprechen Sie das schleunigst mit Ihrem Therapeuten!« Wenn dies aber nicht mehr möglich ist, wenn es längst unzählige vergebliche Versuche gab, dann entspricht eine solche Abweisung nicht mehr kollegialer Solidarität oder einer fundierten Überzeugung, es handle sich um unzulässiges »Agieren«, sondern der Angst, dieser Herausforderung nicht gewachsen zu sein, oder auch dem manchmal berechtigten Argwohn, der andere Therapeut könne eine solche beratende Einmischung nicht ertragen. Es gibt auch unter Therapeuten ein Klima des Mißtrauens, das gar nicht damit rechnet, daß

ein solcher »Einblick« sich als segensreich für beide Partner des gefährdeten Dialogs auswirken könnte.
Doch selbst dort, wo die Situation verzweifelt scheint, kann es durchaus sein, daß der Patient ein neues Moment erfährt: er mag sich, ohne vergeblich weiterzukämpfen, entweder mit einer Schwäche des Therapeuten abfinden; er kann Verständnis oder gar Großmut entwickeln, sich von einem unfruchtbar gewordenen Kampfplatz zurückziehen und das verbleibende Gute in der Beziehung wieder nutzen. Er mag also selbst den Ausweg aus einer Verstrickung finden, wenn er seiner Wahrnehmung sicher ist und dies dann mitteilen, den Fokus ändern oder vorübergehend eine versöhnliche Haltung einnehmen kann. Auf jeden Fall mag er Nutzen ziehen aus dem zuerst minimalen Freiraum, seiner Wahrnehmung zu trauen und eine Überprüfung der therapeutischen Beziehung überhaupt ins Auge zu fassen. Ein Patient in Einzeltherapie befindet sich immer in der Lage eines Kindes mit einer alleinerziehenden Mutter oder einem alleinerziehenden Vater, in der es keine Möglichkeit hat, seine Gefühle mit einem Dritten zu überprüfen oder zu beruhigen. Je weiter zurück die Störung liegt, desto größer ist die Gefahr, die gemeinsame Arbeit zu einer folie à deux ausarten zu lassen.
Dieses Buch möchte also für manche Patienten die wenn auch papierene Funktion eines Dritten übernehmen, eines Rückhalts und einer Ermutigung, die eigene Wahrnehmungsfähigkeit zu erweitern und im Schutz mancher Hinweise vielleicht eine Rückenstärkung für die Freuden und Wirren der therapeutischen Dyade zu verspüren. Wenn die Überprüfung der therapeutischen Beziehung positiv ausgeht, um so glücklicher für die Beteiligten.
Es mag anmaßend erscheinen, den Patienten einen Leitfaden auch zur Begutachtung des eigenen Therapeuten an die Hand zu geben. Das Bedürfnis aber, ihn zu schreiben, entstammt so elementaren eigenen Schmerzen und dem wachsenden Einblick in so viele unglückselige Therapieverläufe, daß ich den Vorwurf der Anmaßung in Kauf nehmen will.

Ich selbst habe leidvolle Jahre in Verstrickungen ausgehalten, weil ich meinen eigenen Wahrnehmungen nicht traute, ja, es sogar lange Zeit undenkbar fand, eine so tiefe Beziehung wie die zwischen Patient und Therapeut auf ihre Bekömmlichkeit zu überprüfen.
Psychotherapie aber ist ein kostbares Gut, und wer es »einkauft«, braucht Hinweise, wie er vermeiden kann, daß es ihm zum Schaden gereicht. Die Mehrzahl der Leser wird, so bin ich überzeugt, entdecken, daß sie in guter Hand sind. Für einzelne von ihnen mag sich der Spielraum der Wahrnehmung wie der Thematisierung erweitern. Andere werden in Zweifel gestürzt; dann sollen sie ihre Zweifel besprechen. Und wieder anderen könnte es Hilfe sein, ein unbekömmlich oder destruktiv gewordenes Abenteuer zu beenden oder ihm eine andere Wendung zu geben.
Die Einleitung ist mir ein wenig ernst geraten. Ich will versuchen, mehr Leichtigkeit einfließen zu lassen. Bei den Fragen und Hinweisen an euch Mitpatienten werde ich das geschwisterliche Du verwenden, weil wir ja Glücks- und Leidensgefährten sind. Also gleich der wichtigste Hinweis: bist du, wenn du Angst, Zweifel oder Verachtung fühlst, auch mutig genug, dies alles in der Therapie klar und offen auszusprechen? Erwägst du, so aufrichtig, wie du vermagst, deinen Anteil an der Verstrickung, an den Mißverständnissen, an der Patt-Situation, am Leerlauf? Bist du tapfer genug, immer wieder einzusehen, daß du unglückliche Dinge erlebst, die eine zum Teil von dir inszenierte Wiederholung früherer Erfahrungen sind? Traust du dich, dem Anderen, wenn du meinst, er mißversteht dich, mitzuteilen, was du in dem schlimmen Augenblick bräuchtest? Hast du deinen Spielraum wirklich ausgeschöpft? Gibst du ihm die dir möglichen Hilfen zu deinem Verständnis? Hast du dich geprüft, ob du nicht die Katastrophe suchst, ob du Hilfe ertragen kannst, ob du ihm gönnst, daß er dich, auch wenn du dich in bisher unbekannter Weise einläßt, tragen kann? Manchmal meint man, es nicht aushalten zu können, in solch einem

Ausmaß abhängig oder dankbar zu sein. Traust du dich zu fragen, ob du ihn nicht wirklich über Wochen und Monate quälen willst, um ihn zu prüfen? Hältst du es für möglich, daß du ihn, auch unter entsetzlichen Schmerzen für dich selbst, zum Scheitern bringen willst? Hältst du dein Elend für größer als seine Kräfte, und spürst es mit bitterem Triumph? Hältst du es aus, einem Anderen deine zweite Geburt zu verdanken? Vorübergehend kein klares eigenes Selbst mehr zu haben? Vor Neid fast verrückt zu werden und es auch noch einzugestehen? Ihn lieber zu verachten als zu lieben? Lieber ein Ideal zu behalten, als einen begrenzten Menschen zu finden? Lieber nach Entschädigung und Wiedergutmachung zu schreien, als mit deinen dir kümmerlich scheinenden Möglichkeiten zu leben? Kannst du dir eingestehen, daß du ihn schonst, daß du meinst, du mußt ihn nähren, unterhalten, amüsieren, fördern, verändern, belehren, glücklich machen? Oder dich rächen, ihn kleiner machen, vernichten, ihn betrügen, kostbare oder beschämende Geheimnisse vor ihm bewahren, ihn preisgeben, an andere verschleudern. Der Finger an der eigenen Nase hat dort einen guten Platz. Ich will versuchen, ihn selbst dort zu behalten.
Nun noch ein paar begriffliche Klärungen, damit dich die wechselnde Verwendung des Ausdrucks Psychoanalyse und Psychotherapie nicht verwirrt. In der Regel findet eine Psychoanalyse im Liegen statt, auf der sogenannten Couch, hinter der der Analytiker, in aller Regel unsichtbar, sitzt. Die Wochenstundenzahl ist meist höher als bei einer Therapie im Sitzen, nämlich zwei bis fünf Stunden. Der Vorteil dieses »Settings« ist der, daß du einen weitgehend freien Raum zur Entfaltung deiner inneren Konflikte hast. Der Analytiker ist sozusagen ganz »Ohr«, und das zentrale Medium eurer Verständigung ist die Sprache. Die Analyse ist also das gründlichste, aufwendigste Verfahren. Bei manchen Formen von Störungen hältst du aber gar nicht aus, ihn nicht zu sehen, oder du und/oder er habt das Gefühl, es seien eine oder zwei Stunden im Sitzen für dich besser. Man nennt das dann in

Abgrenzung zur »Liegekur« Psychotherapie, die aber, von der Variation des Settings abgesehen, auf den gleichen Prinzipien einer »Arbeit an der Beziehung« und der in ihr automatisch hochkommenden »Übertragung« und Wiederholung und Neuinszenierung deiner frühen Konflikte und der dagegen aufgebauten Widerstände beruht.
Um aber nicht jedesmal die Unterscheidung hervorheben zu müssen, verwende ich das Wort Psychotherapeut und Psychotherapie auch als einen Oberbegriff, der beide Formen umfaßt. Wenn mir die Unterscheidung wichtig ist, spreche ich vom Liegen und vom Sitzen. In manchen Fällen gibt es ohnehin auch bei einer Analyse im Liegen Phasen, die besser im Sitzen absolviert werden, etwa weil die Ängste oder der Orientierungverlust zu groß werden. Umgekehrt ist denkbar, daß eine im Sitzen begonnene Therapie in eine im Liegen weitergeführte Analyse übergeht.
Gelegentlich kommt der Begriff der Heilung vor. Das ist ein idealtypischer Begriff, an den es nur Annäherungen gibt. Du kannst von einer Therapie nicht erwarten, daß sie dich blitzgescheit, erfolgreich, glücklich, störungsfrei und stromlinienförmig reibungslos macht. Du kannst quälende Symptome verlieren, ausgeglichener werden, dich selbst mehr mögen, mit anderen besser zurechtkommen oder kreativer werden, aber du wirst immer dein Lebenspäckchen zu tragen haben. Alle Wundererwartungen weisen eher darauf hin, wie tief du mit deinem Schicksal haderst und darauf hoffst, in der großen Lostrommel des Lebens noch einmal neu wählen zu dürfen.
Mit Psychoanalyse und Psychotherapie sind in diesem Buch die gängigen, im wesentlichen auf Freud zurückgehenden Verfahren gemeint, weil ich mich nur hier auskenne und weiß, welche Ausbildungen die Therapeuten durchlaufen haben. Im Prinzip gelten aber die Wahrnehmungskriterien, die du brauchst, um im Krisenfall die professionellen und menschlichen Qualitäten eines Therapeuten auch aus anderen Schulen abschätzen zu können, ganz analog. Eine be-

stimme Schulrichtung ist keine Total-Garantie für Qualitätsarbeit, ebensowenig gibt es a priori-Pfuscher. Aber Gründlichkeit, Intensität und Dauer der Ausbildung wie der Selbsterfahrung des Therapeuten kannst du ruhig in deine Überlegungen mit einbeziehen. »Schnelle Brüter« erzeugen oft sehr rasch Starkstrom, noch bevor du die inneren Leitungen ausgebaut hast, um ihn richtig verwenden zu können.

Damit es nicht so scheint, als übertriebe ich die Gefahren einer mißglückenden Therapie oder Analyse oder wolle behaupten, so eine Katastrophe sei meist nur ein Zeichen mangelhafter Ausbildung oder unglücklicher Umstände, diskutiere ich im ersten Kapitel eine »exemplarische Katastrophe«, die als Taschenbuch auf dem Markt ist und die mir als ein elementarer, anklagender Schmerzensschrei erscheint, der manche Gefahren einer therapeutischen Mesalliance grell illustriert.

## *Eine exemplarische Katastrophe: Dörte von Drigalski: »Blumen auf Granit«*

Es ist über ein schreckliches Buch zu berichten: die Niederschrift der Erlebnisse und Ergebnisse zweier mißglückter Versuche einer Kinderärztin, eine Psychoanalyse zu machen, und zwar in Form einer Lehranalyse, weil sie selbst Psychotherapeutin werden wollte. Sie selbst nennt das Buch mit Bitterkeit eine »Irr- und Lehrfahrt durch die deutsche Psychoanalyse«, und es läßt sich ohne weiteres lesen als Enthüllungsbericht über eine Zunft, dergegenüber vielen Skeptikern jeder Verdacht und jede Form der Anschwärzung plausibel erscheinen. In einer Reihe von Besprechungen ist das Buch denn auch schadenfroh als Skandalbericht gewertet worden. Auf jeden Fall wirkt es polarisierend: Hier verführt es dazu, die arme, betrogene Patientin zu bedauern angesichts der als zerstörerisch erlebten Erforschung seelischer Abgründe. Dort sind manche therapeutischen Kollegen geneigt, achselzuckend auf die Kompliziertheit, ja charakterliche Verwirrtheit und Destruktivität der Autorin hinzuweisen. Das Buch führt in Verstrickungen, wie man sie allenfalls aus absolut verquälten Ehen kennt, oder aus Familien, wo sich zwischen Eltern und Kindern gelegentlich Konstellationen entwickeln, die den Anschein erwecken, als könne seelisch nur eine Seite überleben, oder beide nur um den Preis tiefer Beschädigung.

Das Buch ist eine einzige bittere Klage, und die Klage erscheint aufgrund des seelisch Erlebten plausibel, einfühlbar und läßt den Leser unwillig, niedergedrückt, verwirrt zurück. Da nur jeweils der eine Partner dieser »folie à deux«, also der verrückten, äußerst intimen Zweisamkeit der therapeutischen Situation, zu Wort kommt, mischt sich unvermeidlich ein intensiver Dauerton von Anklage und Schuldzuweisung ein, genährt vom Gefühl äußersten Verletztseins, das Jahre brauchte, um erträglich zu werden. Die Empörung ist ein Weg, um zu überleben, indem die Verletzungen sich in Klage und Anklage verwandeln, die unerträglich gewordene Wut und Enttäuschung in ein präzises und an vielen Stellen bloßstellendes Verzeichnis therapeutischer Fehler und Hilflosigkeiten. Aufgezeigt wird aber auch eine wechselseitige Verstrickung, die das Buch über eine Zurechnung von Schuld und Fehlverhalten weit hinaushebt.

Das Buch ist ein Bericht über einen über weite Strecken mißlungenen therapeutischen Dialog, an dessen Ende man sich erschüttert fragt, wieso er nicht früher und unter humaneren Umständen beendet werden konnte. Aber da immer wieder Hoffnung auf Verstehen und heilendes Sprechen auftauchte, vertiefte sich auch die Bindung, und die Qual verlängerte sich: beide Seiten hatten schon zu viel investiert, um sich auf ein einverständliches Scheitern einigen zu können.

Ich wage dennoch die Behauptung, daß das Buch in gewisser Weise ein Meilenstein in der Erhellung vieler Probleme während des therapeutischen Prozesses werden wird. Das mag für die Beteiligten, und vor allem für die Autorin, wenig Trost sein, und dennoch verlangt dieses Buch nach Kommentierung, Aufarbeitung, nach einem geduldigen Zusammensuchen der zerrissenen Fäden eines ins Absurde verkehrten therapeutischen Gesprächs.

Was eigentlich schief ging, läßt sich nur in groben Zügen darlegen: ein Mensch hat um einen äußerst zerbrechlichen inneren Kern seiner Person eine gut funktionierende Schale aufgebaut; er scheint auf der Ebene psychischen Erwachsenseins zu funktionieren. Das verführt die Therapeuten zu einer Ebene der Deutungen, die vom Patienten als Angriff, Entwertung, ja Überschwemmung und manchmal sogar als Vernichtung erlebt werden. Er sucht das von Freude erfüllte Gesicht der frühen Mutter, es spiegelt wider, daß sein Dasein sie glücklich macht, und er findet Sätze, die sein überwältigendes Bedürfnis nach Harmonie und totaler Übereinstimmung, ja nach paradieshafter Errettung aus einem ihm selbst noch weitgehend verborgenen Elend verkennen. Was die Sache erschwert, aber doch für die Kompliziertheit der Ausgangssituation kennzeichnend ist: beide Male hat die Autorin ihren Therapeuten nicht frei gewählt, es scheint, als sei sie gezwungen gewesen, die klar vorhandenen Ahnungen des Mißlingens in der ersten Begegnung zu überspielen.

So heißt es bereits über das erste Gespräch mit der ersten Therapeutin:

»Ihr Praxiszimmer lag im vierten Stock, an der Hauptdurchgangsstraße, am Ende eines ordentlichen, kahlen Neubauflurs. Die Möbel wirkten funktionell; um neun Uhr abends schien der Raum düster, die Analytikerin müde und abgespannt. Sie setzte sich mir rauchend gegenüber. Ich fühlte mich nicht in meinem Element; kritisch beäugt ohne Vorschußvertrauen. In das Schweigen hinein versuchte ich Biographisches zu erzählen. Sie sollte mich positiv beurteilen, und später in Analyse nehmen. Was ich brachte, schien sie aber nicht zu interessieren; oder es war nicht das Richtige. Sie blieb still; ich wurde unter ihrem Blick kleiner. [. . .] Ihr Blick schien ablehnend, gelangweilt; [. . .] Ich kam nicht an sie heran. [. . .] Die kritische Stille saugte mich leer, wurde immer schlimmer; ich fühlte mich reizlos, unvital. [. . .] Schließlich setzte sie zu einer Frage an. Ob ich mich manchmal richtig ärgern könne? In neutralem Ton; für mich klang er abwertend, verurteilend, säuerlich, knarrend neutral. Ich fühlte mich gründlich mißverstanden: daß ich bissige Wutanfälle bekommen konnte, war mir oft peinlich gewesen. [. . .] Ich hätte heulen können, ich kam nicht an gegen die schreckliche Stimmung. [. . .] Immerhin ging die Stunde vorüber, [. . .] Ich fühlte mich aber wie vernichtet, ausgelaugt; mutlos, nicht gemocht. Freude an mir hatte sie nicht gehabt. Ich hatte mich abgestrampelt, ohne Echo; [. . .]« (S. 7).

Mancher Leser wird sich fragen, warum die Autorin dann doch in Analyse gegangen ist, wenn die künftigen Schrecknisse bereits so klar erfühlbar waren. Hier stoßen wir auf eine Art leidensbereiter neurotischer Zusammenarbeit, die noch von äußerem Zwang der begrenzten Auswahl gesteigert wird. Und ein zweiter schlimmer Mechanismus kommt ins Spiel: der regredierte Patient kann nicht unterscheiden, ob die schlechte Stimmung aus ihm selbst kommt oder aus dem Therapeuten oder aus einem wirklichen Mißverstehen. Leidensbereit und leidensgewohnt nimmt er den Löwenanteil auf sich, reagiert depressiv und entschließt sich zur Roßkur. Dabei steht *außerdem* zu Beginn der Behandlung fest, daß die Analytikerin die Patientin nach einem Jahr verlassen wird. Der Patientin fehlen innere Vorsichtsmaßregeln, die sie natürlich beim Therapeuten erhofft und vermutet. Die Trennung wird dann trotz des Bemühens der Therapeutin, sie zu mildern, katastrophal. Und die Schuldgefühle der Therapeutin führen dazu, daß sie für die Patientin, die doch Ausbildungskandidatin ist, einen anderen Therapeuten aussucht, so daß sich wiederum weder die Patientin den Therapeuten noch dieser die Patientin aussucht.

»Es stellte sich heraus, daß ich in einer anderen Stadt Analyse bei einem Mann fortsetzen konnte. Zum Vorgespräch war ich 350 km angefahren, hatte mich innerlich vorbereitet, war gespannt. Er hatte offenbar wenig Zeit, stand unter Druck; hörte mich etwas oberflächlich, freundlich an, erklärte sich dann überraschend schnell zur Analyse bereit, bevor ich mich wirklich hatte darstellen können, und entließ mich nach etwa einer Viertelstunde. Etwas fade und unzufrieden stand ich auf der Straße, [. . .] Ob er mich verstanden hatte? Ich hatte Intensiveres und Gründlicheres erwartet.« (S. 46).

Wiederum wird die Anfangsenttäuschung beiseite geschoben und statt freier Wahl die von anderen arrangierte Schnelladoption vollzogen. Denn das ganz tief vergrabene Grundgefühl der Patientin ist: ich muß ja doch nehmen, was gerade kommt, weil das wirklich Gute für mich unerreichbar ist. Dieser Satz wird während der Analyse zwar gründlich belegt: der idealisierte Vater ist, ohne daß sie ihn kennenlernt, gefallen, und alles weitere in ihrem Leben wird nur Ersatz

sein für sein machtvoll überhöhtes Bild. Aber der Satz kommt nicht zum Vorschein und wird nicht therapeutisch wirksam. Im Gegenteil: der Analytiker reagiert zunehmend stärker auf die hinter aller Verliebtheit und Idealisierung aufscheinende Entwertung und fängt an, in seinen Deutungen quasi um sein Überleben, um sein Selbstwertgefühl zu kämpfen. Er muß Überlegenheit zeigen, um seinen schwachen Punkt, sein unsicheres Selbstwertgefühl, zu schützen. Er gibt Deutungen, die das aus der anderen *ersten* Stunde bekannte Gefühl verstärken: abgelehnt zu werden, uninteressant oder böse zu sein. Die Autorin hat, in manchmal fast magischer Einfühlung, konflikthafte Punkte im Therapeuten aufgespürt, und wo er ihren hohen Erwartungen nicht entspricht, trifft sie ihn so, daß er quasi aus der Rolle des Verstehenden in die des Sich-Verteidigenden fällt. Und damit hat er seine Position außerhalb des unbewußten Wiederholungszwanges verloren, er wird zur Partei, statt zum wohlwollend-verstehenden Partner; und was er jetzt tut, fühlt sich an wie eine Neuinszenierung aller frühen Verwundungen. Das Tragische ist, daß solche Konstellationen inzwischen bekannt, beschrieben und klassifiziert sind. So schreibt zum Beispiel der amerikanische Psychoanalytiker Otto Kernberg in seinem grundlegenden Lehrbuch über die sogenannten Borderline-Fälle, also schwierige Grenzfall-Patienten, die an bestimmten Punkten des therapeutischen Prozesses besondere Anforderungen stellen: der Therapeut müsse besonders genau die vom Patienten angesprochenen eigenen neurotischen Anteile im Auge behalten und sie sogar für die Erhellung während der Behandlung benutzen. Gelingt ihm dies nicht, so passiert folgendes:
»Diese Wiederkehr der Neurose des Analytikers geschieht häufig in einer eigenartigen Form, nämlich so, daß die spezielle Pathologie des Analytikers in der therapeutischen Beziehung zum Patienten derart umgemodelt wird, daß sie dessen Persönlichkeitsstruktur ähnelt oder sie so treffend ergänzt, daß Patient und Therapeut schließlich in ihrer Patho-

logie genau zusammenzupassen scheinen.« (S. 81) »Der Analytiker sieht sich plötzlich über Tage, Wochen oder Monate immer tiefer in eine permanente emotionale Fehlhaltung in bezug auf diesen einen Patienten verstrickt ... Der Therapeut stellt zum Beispiel fest, daß er in bezug auf den betreffenden Patienten mißtrauisch wird und eventuell sogar paranoide Phantasien entwickelt, daß dieser Patient ihn ganz unvermittelt angreifen könnte, und sich ausmalt, in welcher Weise dies geschehen würde; oder er beobachtet, daß seine inneren Reaktionen auf diesen Patienten sich ausweiten, so daß nun auch andere Personen in seine Gefühlsreaktionen miteinbezogen werden, die irgend etwas mit seiner Beziehung zu diesem Patienten zu tun haben.« (S. 78)
Und Kernberg schließt:
»So gibt es Behandlungen, die vom emotionalen Geschehen her gesehen schon lange als abgebrochen gelten können, bevor man sich endlich entschließt, sie erfolglos zu beenden.« (S. 82).
Was die Lektüre des Buches von Dörte von Drigalski so qualvoll faszinierend macht, ist der Bilderbuchcharakter des Mißlingens. Die Patientin möchte mit einem großartigen und geliebten und bewunderten Menschen wie ein sehr kleines Kind verschmelzen, um an seiner Kraft und Herrlichkeit teilzuhaben und die traumatischen inneren Bilder der Eltern ausscheiden oder korrigieren zu können. Das setzt aber voraus, daß der Therapeut es aushält, vorübergehend gar nicht eine fest umrissene Person zu sein, sondern ein seelischer Riese mit flottierenden Ichgrenzen. Beide Therapeuten haben gegen diese vorübergehende Verschmelzung angekämpft und die Deutungen benutzt, um das extrem zudringlich und intensiv wirkende Kind immer wieder in seine eigenen Grenzen zurückzuschieben. Die erfolgreiche Scheinerwachsenheit der Patientin, die sie selbst sogar offen mit einer Als-ob-Persönlichkeit vergleicht, verlockt freilich dazu. Es entsteht die Fiktion einer analytischen Beziehung zwischen Personen, die klar miteinander sprechen können, und doch

ist für die Patientin die ewige Aufforderung zum Verbalisieren eine qualvolle Überforderung, die sie als Ablehnung und Kränkung erlebt.
In der Verzweiflung entschließt sie sich, sich anzupassen und die Deutungen des Analytikers zu übernehmen, obwohl sie sie noch gar nicht realistisch aufnehmen kann. Sie wirken entweder wie riesige Geschenke, oder häufiger als Geschosse, die sich in sie einbohren und in der Tiefe eine magische Wirkung entfalten. Daß die Ebene der Beziehung zur ersten Analytikerin ganz woanders lag als auf der Ebene der Deutungsarbeit, wird bei der Trennung klar. Sie wirkt, wie wenn ein einjähriges Kind, das sich noch verschmelzend anklammern möchte, von seiner Mutter getrennt wird:
»Der Abschied wurde viel schlimmer als geahnt. Als ob ein zum Leben nötiges Stück aus mir herausgerissen würde. Ich träumte, ich säße mit ihr in einem gemeinsamen Hemd da, wie ein siamesischer Zwilling an der Thoraxseite zusammengewachsen, jeder in einem Ärmel. Ich weinte Stunden durch, konnte mir nicht vorstellen, wie das Leben ohne sie sein könnte. Als ob mein ganzer Lebenssaft mit ihr abgezogen würde und ich als depressiver inaktiver lebensuntüchtiger Fleischkloß zurückbliebe.« (S. 45/46)
Es grenzt ans Tragische, wenn in einer solchen Konstellation der Analytiker sich an ein bei anderen Patienten bewährtes Deutungsmuster hält, das aufzunehmen die Patientin noch gar nicht in der Lage ist. Sie erhält dann nämlich konsequent die Deutung, ihre Unfähigkeit sei Abwehr, und damit wird ein Prozeß der Schuldzuschiebung in Gang gesetzt, bei dem beide entwertet auf der Strecke bleiben. Der Schwächere gibt dann aber irgendwann auf, und auch wenn der Analytiker selber noch so sehr leidet, ist der Patient in seiner extremen Abhängigkeit der Schwächere, wenn er sich nicht aus eigener Kraft zu lösen vermag. Wieviel haßerfüllte Stärke aber auch bei der Autorin in dem sich über Jahre hinschleppenden Leiden lag, zeigt dieses Buch, das die Verletzungen in einer von unversöhnlicher Bitterkeit getragenen Anklage zusammen-

faßt und die eigene Vernichtung in eine Vernichtung des Analytikers umkehren will. Es ist allgemein bekannt, daß es Bindungen aus Haß gibt. Hier scheint es sich um eine Bindung zu handeln, die im wesentlichen aus Enttäuschung besteht. Alles Schlechte, das das kleine Kind, neben dem Guten, in sich aufnehmen und erleiden mußte, wird jetzt endlich in Form des Anklagens ausgeschieden. Der Leser spürt allerdings mit einer gewissen Beklemmung, daß eine so einseitige Trennung der Welt in einen schlechten Analytiker und einen leidenden Patienten nicht ganz stimmen kann. Zu sehr bleibt spürbar, daß auch *sie* ihn für ihre Rache gebraucht hat, nachdem klar war, daß er für eine therapeutische Wiedergutmachung des früh Erlittenen nicht taugte. Aber ganz sicher hat sie recht, wenn sie am Ende der großen Gefühlsverwirrung schreibt:

»Auf *mich* hätte ich hören sollen, die ganze Zeit; auf meine Wahrnehmungen; mir selber hätte ich vertrauen sollen, nicht auf die Deutungen, diese ganze Analyse. [. . .] Es hatte mich viel gekostet, mich seinen Deutungen zu beugen, sie in mich aufzunehmen als Wahrheit.« (S. 129)

Aber um dies zu können: sich selbst zu trauen, dafür war die plastisch geschilderte Mutter für das Kleinkind zu übermächtig. Das Kind geriet schon früh in den Sog der Selbstdeutung der Mutter, in dem wenig Spielraum für den sicheren Erwerb einer eigenen Identität gegeben war. Und dieser fehlende frühe Spielraum einer von Kriegsereignissen und Krankheit bedrängten Mutter ist es, der später die Therapeuten so übermächtig zu machen scheint, weil sie es mit einem Patienten zu tun haben, der erst einmal Spiegelung, Harmonie und Abgrenzung erleben muß, bevor man die großen Geschütze des Ödipuskonfliktes auffährt.

Aus diesen Mißverständnissen heraus wird es auch erklärlich, daß am Ende der erschöpfenden Arbeit der Analytiker das Gefühl hat, die Patientin habe ihn zerstören wollen, während *sie* mit der Gewißheit zurückbleibt, er habe eine intensive und verzweifelte Werbung nicht verstanden. Beide lassen sich dann noch auf den schlimmsten Schlagabtausch ein, den es auch in verquält scheiternden Ehen gibt: die wechselseitige Entwertung. Der Analytiker verschärft seine Diagnose bis zur kränkenden psychiatrischen Etikettierung, und die Patientin nimmt ihre ganze literarische Energie zusammen, um ihn bloßzustellen.

Aber diese Motive bestimmen nicht den Wert des Buches. Daß sich jemand so tief darauf eingelassen hat, ein qualvolles Mißlingen nachzuzeichnen, erhebt das Buch in den Rang einer großen Forschungsleistung. Das kleinlich Rachsüchtige wird sich trennen lassen von der Erhellung eines Leidens, das durch eine Vielzahl innerer und äußerer Umstände an den Rand des Abgrunds geführt hat. Der Leser versäumt nichts, wenn er sich nicht bis zur letzten Seite durchquält, weil gegen Ende die Wiederholungen der Vorwürfe monoman zu wirken beginnen. Man muß an dem Buch Erkenntnisarbeit, Überlebensarbeit und Vernichtungsabsicht trennen. Es wird etwas aussagen über das intellektuelle und moralische Niveau der psychoanalytischen Vereinigungen, wenn sie dieses Buch als eine Herausforderung aufnehmen, an der manches, was in dem Ausbildungssystem im argen liegt, überdacht werden kann. Und der Autorin kann nur gesagt werden: wer so kraftvoll und erfolgreich um sich schlagen kann, ist nicht, wie sie ständig und manchmal weinerlich nahelegt, zugrundegerichtet worden, sondern einer lebensbedrohenden Herausforderung erfolgreich begegnet.

(Dörte von Drigalski: *Blumen auf Granit*. Ullstein Verlag, Berlin 1980)

# *Die Begegnung im Erstgespräch*

Eines Tages rief mich ein Student an, der in meiner Stadt nach längerer Qual eine Therapie abgebrochen hatte. Er konnte zwar wieder einigermaßen arbeiten, geriet aber in immer größere Isolierung und ging kaum noch unter Menschen. Nun wollte er in einer anderen Stadt weiterstudieren und sich einen neuen Therapeuten suchen, hatte aber große Angst vor einer neuen Enttäuschung. Er traute sich nicht zu, zu erkennen, ob der Therapeut für ihn »gut« oder »bekömmlich« sein werde. Er war sich dieses Problems so deutlich bewußt, daß es uns nicht schwerfiel, für eine kleine Stundenzahl eine gemeinsame Aufgabe zu formulieren: wie lerne ich in einem oder mehreren Erstgesprächen erkennen, ob ich mich einem Analytiker anvertrauen kann?

Er hatte das Gefühl, sich aus eigener Initiative und mit den eigenen sprachlichen Mitteln nicht darstellen zu können (obwohl er sprachlich hochbegabt und sensibel ist), und daß auch nicht zu erwarten sei, der Therapeut werde ihn finden und verstehen. Er wirke in dieser Situation entweder zaghaft oder verstockt. Er hatte nach dem Abbruch der Therapie noch einmal zwei Erstgespräche geführt, doch das Gefühl behalten, daß weder er noch die Therapeuten die Kluft hätten überschreiten können. Dabei sei das Verwirrende bei einem der beiden gewesen, daß er ihm angeboten habe, mit ihm zu arbeiten; er selbst aber habe ein zwar diffuses, doch bestimmtes Gefühl gehabt, der andere – auch wenn er glaubte, ihn »sehen und führen« zu können wie der frühere Therapeut – sehe ihn nicht *wirklich.* Dieses »Führungs«-Angebot habe ihn zwar sehr berührt, da aber schon die erste Therapie stützend-führend gewesen sei, sei er doch stutzig geworden. Er sehne sich zwar nach Führung, wisse aber, daß er das nicht wirklich gebrauchen könne. Ich spürte, wie er geradezu erwartete, daß auch wir aneinander vorbeiredeten, oder daß ich ihn mit guten, aber unbrauchbaren Ratschlägen versehen könnte. Ich selbst fühlte mich von ihm durchaus als potentiell freundlicher und um Verständnis bemühter Mensch wahrgenommen, doch wie in einer tragischen Stimmung war spürbar, daß dies wohl nichts helfen und das Elend hinterher für ihn nur um so schlimmer sein würde. Ich empfand mich eine Weile als hilflos und begann zu fürchten, daß dies seine hoffnungslose Stimmung noch verstärken könnte. Dann merkte ich, wie allerlei aktives Fragen, als Versuch zu klären und Rat zu geben, in mir hochkam, weil ich ihn erreichen wollte. Ich hielt mich aber zurück, weil ich ja von ihm wußte, daß er dies normalerweise auslöste und damit dann nichts anfangen könnte. Ihn schien meine Ratlosigkeit gar nicht zu stören, ja, es schien, als öffne sich ihm ein kleiner Raum von Freiheit und Erleichterung: er wurde weder festgelegt, noch gedrängt, sich klar zu äußern. Da ich fürchtete, doch wieder hineingezogen zu werden in eine unbewußte Szene, bei der ich, ohne genau zu spüren, was passiert, in eine Rolle schlüpfte, die ihm nicht bekam, oder vor der er sich wieder unkenntlich machen mußte –, da ich also besorgt war, ihn in irgendeiner Weise zu verscheuchen, sobald ich aktiv würde (es war nur ein diffuses Gefühl, ich könnte ihn finden, und dann wäre er es gar nicht, oder ich könnte ihn aktiv suchen, und dann würde er sagen, ich bin gar nicht da), schlug ich ihm vor, mit wechselnden Rollen (er als Therapeut *und* als Patient, und mit zwei Stühlen) mit sich selbst ein Erstinterview zu führen. Er war skeptisch, aber doch auch fast strahlend dankbar, daß ich ihm das zutraute. In der Therapeutenrolle führte er sich und mir zunächst einmal vor, was er inzwischen alles an freundlichen oder routinehaften Verhaltensweisen erlebt oder gelernt hatte. Als Patient war er einmal ein bereits psychoanalysekundiger Patient, der routiniert über sich berichten konnte, ohne wirklich betroffen zu sein, dann wieder einer, der fast schwachsinnig, verzagt oder verträumt dasaß. Irgendwann kam das Gespräch zu einem peinlich werdenden Stillstand. Schließ-

lich fragte ich den »Patienten«, was er sich vom »Therapeuten« wünsche. Die Antwort: Er soll genau hinsehen. »Therapeut«: Was soll ich denn sehen? »Patient«: Daß ich verschieden aussehe! – Es bedurfte noch einiger weiterer Wechselreden, ehe er als Therapeut über sich selbst die deutlicher werdende Beobachtung machen konnte, seine Augen sähen anders aus als sein übriges Gesicht, etwas passe nicht zusammen und offensichtlich bestehe er aus mehreren Anteilen oder Personen, von denen eine sich vor der anderen verstecke: einmal der gewandte Formulierer (und Referateschreiber), dann die verträumte musische Person, von der nicht klar sei, ob es ein Junge oder ein Mädchen ist, und dann der Verzagte, fast schwachsinnig Wirkende, der kaum noch reagieren könne, aber doch alles wahrnehme.
Von da an konnten wir sein Problem allmählich gemeinsam zusammensetzen: er fühlte sich aus mindestens drei Teilen zusammengesetzt, die weit auseinanderlagen, wobei der Schwachsinnige eine Art Trennwand zwischen den beiden anderen bildete. Er konnte nie voraussehen, auf welchen Teil ein Gesprächspartner eingehen würde, da sich aber meist nur einer angesprochen fühlte, zogen sich die anderen zurück; es entstand eine Spannung, ein Unwirklichkeitsgefühl, Wut, Verzweiflung, und schließlich Stumpfheit. Wurde also ein Teil gefunden, so war es gleichzeitig ein Nicht-Finden des anderen, mit der entsprechenden Enttäuschung, Trauer, Panik. Und manchmal ließ er sich dann eben darauf ein, daß der zaghaft-hilflose Teil einfach, als fast willenlose Kompromißperson, sich führen und helfen ließ.
Es ist verstehbar, daß er, nach seinen Vorerfahrungen, jedes weitere Erstinterview fürchtete. Hilfreich war, daß er mir gleich sagte, er wolle nicht zu mir in Therapie, sondern nur die »Störung« (»Ich kann mich nicht verständlich machen«) behandelt wissen, um sich dann erneut auf die Suche zu machen. Er war sehr zufrieden und stolz, daß er im Rollenspiel viel dazu beitragen konnte, selbst zu erforschen, was er suchte: jemanden, der seine verschiedenen Teile gleichzeitig

zu sehen vermochte, ohne einen auszuwählen und dadurch die anderen zu vertreiben oder ihn, zum Schutz vor den schlimmen Loyalitäts-, Spaltungs- und Verratskonflikten, in Hilflosigkeit und Fügsamkeit zu drängen. Die verschiedenen Teile gehörten zu für ihn unüberbrückbar getrennten, durch tiefe Loyalitätskonflikte gespaltenen elterlichen Lebenssphären.

Nicht immer liegen die Dinge so kompliziert und sind durch Vorerfahrungen zusätzlich mit Angst überlagert. Ich wähle aber dieses Beispiel, weil viele Patienten, außer dem Leiden an ihren Symptomen, ja wirklich nicht wissen, was ihnen in der Tiefe fehlt, und also auf die Entzifferungsarbeit des Therapeuten angewiesen sind. Und viele fürchten entsprechend, sich nicht kenntlich machen zu können, oder nicht entdeckt zu werden, oder gezwungen zu sein, sich mit einer Teilentdeckung begnügen zu müssen, mit allen möglichen Folgen der Verbiegung, die ja nur eine Wiederholung der ursprünglichen Deformationen wäre.

Ich nehme also einmal an, du gingst wirklich zu einem Erstgespräch und bist aufgeregt, erwartungsvoll, ängstlich, bedrückt, freudig, gar hochgestimmt, oder aber Panik oder Gefühle der Auflösung, einer drohenden Katastrophe oder einer ersehnten Erlösung erfüllen dich. Du kannst dann wirklich gegen die Gefahr, nicht wirklich »anzukommen«, Vorarbeit leisten, indem du dir über die Art dieser Vorgefühle klar zu werden versuchst. Dann wirst du den Therapeuten besser beurteilen können in seiner Fähigkeit, dich zu verstehen und zu akzeptieren, wenn du schon Wichtiges über dich selbst zu spüren und zu erfassen gelernt hast. Denn auch die Gefühle *vor* dem Erstgespräch sind oft elementare Gefühle, und du darfst sie, so schmerzhaft und verwirrend sie auch sein mögen, ruhig begrüßen als bedeutsame Hinweise auf Grundkonflikte. Du bist nicht mehr so hilflos und kannst viel besser beurteilen, wie der andere dich empfängt. Statt, zum Beispiel, in Tränen zu zerfließen oder blockiert zu sein oder wirr daherzureden, kannst du vielleicht formulie-

ren, was die Erwartung des Gesprächs mit dir gemacht hat, oder du mit der Erwartung, der Angst und der Vorfreude. Ich war ganz erstaunt, wieviele Arten von Ängsten in einem aufkommen können: du kannst dich fühlen wie vor einer Prüfung, sei es deiner geistigen Fähigkeiten, deines Charakters, deiner Fähigkeit überhaupt, eine Beziehung einzugehen; du kannst die enorme Angst spüren, daß du vielleicht inakzeptabel, nicht liebenswert, ja, nicht einmal »lebenswert« bist. Du kannst fürchten, du würdest jetzt seelisch geröntgt, entlarvt, durchschaut, gewogen und zu leicht befunden. Du kannst fürchten, dir werde gesagt, es sei alles nur Einbildung, du sollst dich nur zusammenreißen, Pillen schlucken, dich bessern oder dich nicht so dämlich anstellen. Du kannst Tadel fürchten, Spott oder Gelächter, oder: den andern doch nur zu langweilen, uninteressant zu sein, zu aggressiv oder zu anlehnungsbedürftig zu sein, zu gierig oder zu konturlos. Du kannst diesen Katalog ruhig selbst ergänzen. Es gibt noch viele Ängste, auch in einer eher umgekehrten Richtung: du seist zu attraktiv, zu überlegen, er oder sie werde sich über kurz oder lang doch in dich verlieben, dich brauchen, mißbrauchen, real oder seelisch ausbeuten, sich dich aneignen, dich gefügig machen, dich ausschlachten, aus dir interessantes Material schöpfen, dich als Forschungsgegenstand benutzen, dir voyeuristisch zuschauen, deine Abhängigkeit brauchen, usw. usw. usw. Das Erstgespräch ist ja vielleicht auch ein gewaltiger Augenblick in deinem Leben, wo sich viel entscheiden kann, wo du wirklich einen neuen Anfang setzt oder nur eine weitere, oft lähmende Schlappe oder Zurückweisung erleidest.
Vielleicht hast du schon viel und vergeblich herumtelefoniert und brauchst das Gefühl, endlich am Ziel zu sein. Dann ist die Prüfungsangst nur noch größer. Natürlich gibt es selbstbewußtere, glücklichere, geschicktere Patienten als dich: manche buchen gleich dreimal ein Erstinterview bei drei verschiedenen Therapeuten, um die Wahl zu haben, oder um ganz sicher irgendwo landen zu können. Manche sind wirk-

lich in der Lage, so ein Gespräch zu suchen in der selbstbewußten Absicht zu sehen, ob sie den Therapeuten für tauglich, menschlich angenehm, kompetent, kultiviert, ausreichend männlich oder weiblich und lebendig finden. Und die noch Glücklicheren sind sich sogar sicher, daß der Therapeut zufrieden sein kann, wenn sie sich zu ihm auf die Couch begeben oder in den Sessel. Du aber tust dich etwas schwerer und bist froh, daß du überhaupt einen Termin gekriegt hast oder gar die vage Aussicht auf einen Behandlungsplatz. Also konzentrierst du dich darauf, die Prüfung zu bestehen, als nicht zu dämlich oder untauglich zu erscheinen oder ausreichend gewichtige Symptome zu haben, und bist zufrieden, wenn er dich nimmt. Du läßt dich also »nehmen«, passiv, erwartungsvoll, dankbar, würdest schon nach fünf Minuten Ja sagen, ohne weiter zu verhandeln und ohne das Kleingedruckte auf eurem gerade erst entstehenden Behandlungsvertrag zu lesen. Du akzeptierst eine passive Wahl! Ohne *aktiv* zu wählen. Dazu brauchst du nicht nur das volle Erstgespräch, sondern vielleicht auch ein zweites, er übrigens oft auch, manche leisten sich sogar zuerst ein paar Stunden Probebehandlung. Auch wenn es bei einem einzigen Erstgespräch bleibt, laß dir ein paar Tage Zeit, die Erfahrung zu überdenken (manche Therapeuten machen es ebenso); es sei denn, du hältst die Ungewißheit gar nicht aus, bist ganz überzeugt, den Richtigen gefunden zu haben. Wenn er wirklich an dir interessiert ist, gönnt er dir das Nachdenken und respektiert dein Bedürfnis, deine Gedanken und Gefühle erst einmal, nach dem meist aufwühlenden Erlebnis, wieder zu ordnen. Einige meiner Patienten standen ratlos vor dem Angebot einer Bedenkzeit, nachher waren sie froh, Zeit für eine »aktive« Wahl zu haben. Du wirst staunen, wieviel Eindrücke du überhaupt erst hinterher wahrnehmen, zulassen, noch einmal nachfühlen kannst: wo du dich erkannt gefühlt hast, wo es stark oder fast unmerklich weh getan hat. Das Weh-Tun spricht nicht gegen deine Wahl; es kommt ja oft gewaltiger Kummer hoch, und um dich wirklich zu sehen, wird er ja auch die eine oder andere Wunde öffnen, mindestens ansprechen müssen. Ich meine ein Weh-Tun aus Mißverstehen, aus Belehren, aus Gereiztheit, Fremdheit, Überwältigung, zu schneller Einordnung, einseitiger Deutung, usw. Du gehst doch auch nicht, wenn du ein Auto brauchst, in den nächstbesten Laden und kaufst eines! Du hast ein Recht und die Pflicht zur Sorgfalt, du brauchst ein Rücktrittsrecht, gerade gegenüber deiner eigenen Gier, jetzt endlich anzukommen. Wenn du vor lauter Torschlußpanik ganz wirr im Kopf bist und die Schnauze vom Suchen voll hast, dann erst recht. Noch ein paar Monate Elend sind besser als eine Hals-über-Kopf-Verbindung, die zur Mesalliance werden kann! Du mußt das Erstgespräch in Ruhe durchgehen, um zu spüren, ob du angekommen, erkannt und angenommen bist. Du weißt ja zunächst nicht, ob du im Sprechzimmer nicht auf einmal wieder an den Weihnachtsmann oder an den lieben Gott glaubst, ob du nicht längst regrediert bist auf magische Stufen, ob du plötzlich nicht wieder auf Wunder hoffst und deinen Verstand und vor allem deine feineren Gefühle aufgibst, nur weil du ein paar Monate oder Jahre in der Wüste herumgelaufen bist. Dir gehörte der Hintern versohlt, wenn du dich dem Erstbesten anvertraust, ohne ihn wirklich geprüft zu haben! Später läufst du herum und jammerst und bist mit dir und der Welt noch ärger zerfallen, wenn es schiefgeht. Du mußt mich nicht für einen Miesmacher halten: zu viele Leute stolpern in eine Therapie, die eher schadet als nützt. Frag nicht nach Prozentzahlen. Es reicht, wenn es zehn Prozent sind, doch ich schätze, es sind mehr, und wenn du dir dieses Buch gekauft hast, gehörst du mindestens schon zum weiteren Umfeld der Problemfälle oder bist anfällig für Bruchlandungen. Du mußt dich sogar fragen, ob du zu denen gehörst, die von Anfang an mehr oder weniger schlechte Bedingungen akzeptieren und also störende Eindrücke oder seelische Warnzeichen einfach wegstecken. Weißt du, es läuft später oft ganz einfach: wenn du an einen gerätst, der für dich nicht taugt (er mag für andere sehr gut taugen), dann kann er, wenn ihr euch verstrickt und trennt, sich wehren und sagen: leider warst *du* ein untauglicher Patient und nicht geeignet für das großartige Instrument der Psychoanalyse. Erspar dir das doch, solang es noch möglich ist. Denn wo eine Therapie, in der beide sich engagiert haben, schiefgeht, bleibt der Therapeut oft nicht bis zum Ende gelassen, sondern auch er kämpft um seine Selbstachtung und sein Recht-Behalten, und wenn er sehr verletzt oder gekränkt ist und sich nicht fest in der Hand hat, kriegst du Deutungsdreck nachgeworfen, der nicht so leicht abzuwaschen ist.

Hier noch ein paar Hinweise für den Umgang mit dir selbst und mit ihm »danach«:

Setz dich ruhig in ein Café oder mach einen Spaziergang oder verschaff dir eine ruhige Stunde zu Hause. Hast du dich wirklich verstanden gefühlt, etwas Neues über dich erfahren? Bist du einem taktvollen Menschen begegnet, der dich respektiert? Hast du für das Verstehen, für das Zuhören seelisch bezahlen müssen? Spürst du eine feine, aber nagende Enttäuschung? Hattest du in seiner Gegenwart, oder allmählich *durch* sie, Raum und Zeit und Mut, dich zu öffnen? Was ist dir gut, was ist dir merkwürdig vorgekommen? Fühlst du dich zu einem Arrangement gedrängt, das dir so recht nicht paßt? Wie viele von den Deutungen hast du aus Dankbarkeit angenommen, oder um ihn nicht zu verstimmen, zurückzuweisen, ins Unrecht zu setzen? Hast du, mitsamt dem Guten, das du gefunden hast, eine Kröte schlucken müssen? Wollte *er* dir etwas beweisen? Wollte er als klug, besonders gütig, überlegen erscheinen? War seine Haltung natürlich (von der Künstlichkeit der analytischen Haltung abgesehen – auch die kann man natürlich oder künstlich handhaben) oder verkrampft? Offen oder befangen? Auf dich hin eingestellt oder einfach routiniert? Hast du wirklich das sagen können, was du wolltest? Konntest du deine eigenen Gedanken und Gefühle festhalten? Wenn nicht, mag vieles zu deinen Lasten gehen, deswegen gehst du ja hin, ich meine vielmehr, hat er es dir schwer oder leicht gemacht, bei dir zu bleiben? Fühlst du dich erkannt, sogar auf neue Weise erkannt? Hast du seine Augen gesehen? Hast du eine verwandte Wellenlänge entdeckt, oder gab es groben oder auch nur feinen Wellensalat? Läßt er sich korrigieren, falls du dich getraut hast, es zu probieren? Ist er unwillig, gereizt geworden? Ironisch, höhnisch? Autoritär? Deine Wahrnehmung mag in solchen Situationen alles verzerren, das weißt du, deswegen gehst du ja hin, aber darum mußt du nicht alle deine Wahrnehmungen für Spinnerei halten.

Es wäre also gut, wenn du deine Gefühle geduldig überprüftest, und wenn du Zweifel hast, bitte um einen neuen Termin, das ist nicht unverschämt. Wenn er dich jetzt nicht zögern läßt, wirst du auch später nicht den notwendigen Spielraum haben. Achte du selbst darauf, wieviel Autoritätsgläubigkeit du mit ins Spiel bringst! Es ist keine Sünde, skeptisch zu sein. Kannst du dir klar machen, was dich für ihn eingenommen hat, neben der Freude, von ihm akzeptiert zu sein? Kannst du benennen, was dich überzeugt hat? Wenn du Mühe hast, klare Gedanken zu fassen, versuche es schriftlich, oder, wenn es für dich die bessere Methode ist, sprich mit einem vertrauten Menschen, der deiner Absicht verständnisvoll gegenübersteht, über deine Erfahrung. Du bist ein freier Vertragspartner, selbst wenn du meinst, die Not zwinge dich zum raschen Zugreifen. Du hast einen *guten* Therapeuten verdient, auch wenn der Teufel innendrin ihn dir mißgönnt und dir eine bittere Erfahrung wünscht, damit dein verzweifeltes Weltbild sich bestätigt. Noch eine wichtige Frage fällt mir ein: hast du dein Mißtrauen verbergen müssen oder ausdrücken können? Mußtest du überhaupt negative Gefühle wegschieben? Mißtrauen gilt als unfein, aber nach deinen Lebenserfahrungen bist du randvoll davon. Wegen des möglichen Übermaßes gehst du ja hin! Hast du ihm eine einzige skeptische Frage stellen können? Hast du also spüren können, ob er Zweifel, Kritik, Zögern ertragen kann? Du wirst sagen: ich überfrachte diese eine Stunde aber ganz

gewaltig, du bist doch kein Computer, der gleichzeitig auf mehreren Ebenen surrt und registriert und auswertet. Richtig. Aber du sollst auch nichts unterschlagen, was du in Wirklichkeit wahrgenommen hast, bloß weil du meinst, du hättest keine Kraft mehr, um noch zum nächsten Landeplatz weiterzufliegen. Paß auf, daß die Landepiste nicht zu kurz ist, oder daß du nicht auf der grünen Wiese niedergehst und dir das brüchige Fahrwerk so verbiegst, daß du kaum wieder starten kannst.
Mußt du einen Teil in dir verraten, damit ein anderer gesehen wird? Das kann ganz allein dein eigenes Arrangement sein. Es kann aber auch sein, daß er wirklich nur die Hälfte sieht, weil er blinde Flecken hat, weil er etwas Atmosphärisches nicht merkt. Überhaupt: stimmte die Atmosphäre? Hast du wenigstens einmal tief Luft holen können, erleichtert oder gar glücklich?
Oder gehörst du zu denen, die schon Bauklötze staunen, bloß wenn einer zuhört und dir anmerkt oder glaubt, daß du Kummer hast?
Als ich vor kurzem mit den Teilnehmern zweier Therapiegruppen, die beide seit etwa vier Jahren zusammenkommen, auf ihre Erfahrungen mit Erstinterviews zu sprechen kam, zeigten fast alle eine starke Bewegtheit. Es kamen Erinnerungen an die Ängste auf, an mißglückte Erstgespräche, an Kränkungen und Hoffnungen, und an die sich tief eingrabende Bedeutung des Gefühls, »erkannt« zu sein und eine Atmosphäre für die »Landung« zu finden. Natürlich habe ich sie nicht alle erkannt, nur teilweise. Aber immer wieder spielt dieser Erstkontakt eine tragende Rolle. Er läßt sich auch in Krisen immer wieder wie eine gemeinsame Ausgangsbasis betrachten, und dort, wo das Erkennen nur halb war, gibt es oft, wenn sich die Dinge im weiteren Verlauf klären, einen kleineren oder größeren Groll über das *nicht* Angesprochene, das man dann erst mühsam erarbeiten mußte. Auch in Einzeltherapien gibt es immer wieder Anknüpfungspunkte an das Erstgespräch, vor allem, wenn es

darum geht, die geleistete Arbeit, den Verlauf, die inzwischen gemeinsame Geschichte zu überdenken. Einige Teilnehmer haben mich aber auch sehr bestimmt darauf hingewiesen, wie stark, auch bei gutem Ausgang, das »Gefälle« erlebt worden ist: ein leidender Bittsteller kommt zu einem unbekannten Menschen, der zwar freundlich und auch warmherzig schaut und spricht, von sich aber kaum etwas zeigt, also undurchdringlich bleibt, und von dessen »Weisheit und Gnade« man abzuhängen scheint.
Es ist bestimmt nicht therapeutische Eitelkeit, sondern eher ein scheues Erstaunen, wenn ich sage, daß bei Menschen mit stark religiöser Erziehung oder stark religiösen Phasen in der Kindheit ein unbewußtes Gottesbild geweckt wird, das sie längst für ausgelöscht hielten. Du kannst also ruhig beim Erstgespräch auch darauf achten, ob sich Gefühle in dir melden, die du als religiös bezeichnen würdest. Du brauchst dich nicht zu schämen, es steckt eben in dir drin und will heraus und fragt schon im Erstgespräch an: ist hier, explizit oder atmosphärisch, ein Platz für den Umgang mit solchen Gefühlen? Was macht der Therapeut, wenn du plötzlich in eine andächtige Stimmung gerätst? Hat er überhaupt einen Blick dafür? Kann er damit umgehen, daß du ihn einmal anbeten oder »vergöttern« möchtest und es probeweise schon tust? »Vergöttern« klingt positiv. Es gibt aber auch schreckliche Götter, und die wollen auch wiederbelebt werden. Spürst oder ahnst du also religiöse Gefühle in dir, dann mußt du besonders aufpassen, ob du dafür ein Ohr findest. Oft nämlich, da nicht viele Therapeuten geschult sind für den Umgang mit einer Gottesübertragung, bist du für diese Gefühle in der Beziehung zunächst ganz allein verantwortlich und mußt sie festhalten und klären, bis er dir allmählich nachfolgen kann in diese Bereiche, die er in seiner eigenen Ausbildung oder in seiner Kindheit nicht oder nur unzureichend betreten hat. Wenn du dich als aufgeklärter Mensch fühlst, bist du über diese Phänomene vielleicht beschämt und wirst dich jetzt und auch später kräftig wehren und lieber

noch länger leiden, als diese intensiven Andachts- oder Schreckensgefühle auf einen Menschen zu übertragen. Vielleicht erlebst du das Erstgespräch auch wie einen Einstieg in eine Situation der Beichte, falls du katholisch bist, und wenn sich ein Teil deines Gewissens ausgebildet hat in der Zeit der Beichtvorbereitungen, dann kommst du gar nicht darum herum, diese Gefühle wiederzubeleben. Es ist nur unsicher, ob du das im Erstgespräch schon spürst, und ob du schon darauf achten kannst, wie er damit umgehen kann.
Falls du in deinem Leben und mit deinen Konflikten sehr entmutigt und erschöpft bist, kann es auch sein, daß du nach einem Erstgespräch gar nicht gleich zugreifen kannst, selbst wenn dir eine Therapie angeboten wird. Es gibt Patienten, die müssen nach einem solchen Gespräch, vorausgesetzt, es war keine Enttäuschung, einige Zeit verstreichen lassen, um überhaupt mit dem Erlebnis fertig zu werden, daß einer sie möglicherweise verstehen und akzeptieren kann. Vielleicht versteht er das nicht und hält dich für schwankend oder nicht genügend motiviert. Es ist ihm beigebracht worden, daß er mit ungenügend motivierten Patienten vorsichtig sein soll. Also bist du selbst verantwortlich, wie du ihm den Grund des Zögerns erklären kannst. Wenn ihm nichts Besseres einfällt, denkt oder sagt er vielleicht, dein Leidensdruck sei nicht groß genug, und dabei wirst du fast verrückt vor Elend, aber du kannst nur nicht sofort zugreifen, oder du mußt erst damit fertig werden, daß die Wüstenstrecke ein Ende haben *könnte*. Du hast das Recht, auch schon im Erstgespräch aus deiner kleinkindhaften Gnadenerwartung herauszutreten und zu prüfen, ob die Beziehung stimmt, so wie du eben auch das Recht hast, alle die regressiven Wünsche anklingen zu lassen. Das ist wirklich paradox: du kannst das schlummernde frühe Zeug zulassen und sollst gleichzeitig den Kopf über Wasser behalten, um einen minimalen Überblick nicht zu verlieren. Du steigst in den Brunnen hinab und sollst doch, wenigstens am Anfang, auch noch über den Rand schauen können. Viel Glück!

Wenn es dann so aussieht, als hättet ihr euch gefunden, vergeht ja oft noch viel Zeit, entweder bis ein Behandlungsplatz frei ist, oder bis der Kassenantrag bestätigt ist. Viele Patienten halten diese Wartezeit mehr oder weniger gut aus, sie ist auch eine Zeit der inneren Vorbereitung. Manche aber, die es gar nicht gut aushalten, sind schüchtern und halten sich in demütigem Gehorsam ans Warten auf den verabredeten Termin. Wenn es dir aber sehr schlecht geht, solltest du nicht zögern, auch vor dem »offiziellen« Beginn um einzelne Notstunden zu bitten. Du lernst ihn dabei ein wenig besser kennen, bevor du dich nach einem Vorgespräch oder mehreren Vorgesprächen auf die Couch fallen läßt oder in den Sessel. Versuch herauszukriegen, was er macht, wenn du in akute seelische Notsituationen kommst. Natürlich gibt es Patienten, die dazu neigen, solche Notanrufe und Bitten um Sonderstunden zu mißbrauchen. Aber wenn du auf eine schwierige Reise gehst, die manchmal vielleicht am Abgrund vorbeiführt, mußt du herausfinden, ob er dann wirklich für dich da ist. Wenn er gut ist, weiß er ohnehin, daß du ihn intensiv und gründlich prüfen mußt, vielleicht bis zur letzten Stunde, immer wieder, und daß das ein Teil deiner und eurer Arbeit ist. Prüfe also, ob er sich prüfen läßt, oder gleich gereizt reagiert.

Zum Schluß noch eine ganz schwierige Frage. Du weißt oder ahnst in deinem Stadium vielleicht schon etwas davon, was Übertragung ist: die Wiederholung der Kindergefühle an der Person des Therapeuten. Nun kann es sein, daß seine Person in dir eher gute Gefühle weckt, oder aber, daß aus irgendeinem Grund sich eher die schlechten Gefühle melden. Deine schlechten Gefühle können ein Anzeichen dafür sein, daß du nicht beim Richtigen bist. Sie können aber auch, ausgelöst durch etwas, was dir mißfällt, zum großen Repertoire deiner inneren Wiederholungen gehören, die du jetzt an ihm abhandeln willst. Dann hast du es eher nicht mit einem realen tieferen Mangel in seiner Person zu tun, sondern mit einer faustdicken negativen Übertragung. Damit kann er, wenn er gut ist, sicher arbeiten, er verwechselt sich ja nicht mit dem Bild, das du von ihm hast. Viele Therapien, die mit einer negativen Übertragung beginnen, enden gut. Meistens ist es ohnehin ein Gemisch. Wenn du aber sehr schwankst, ob du bei ihm einsteigen sollst, und wenn deine eher negativen Gefühle sehr stark sind, obwohl du ahnst, daß sie etwas mit Wiederholung zu tun haben, solltest du dich noch genauer prüfen. Mit einer negativen Übertragung zu beginnen, ist ein schwerer Einstieg. Sie mag dich sogar anziehen, aber dein positiver Rückhalt ist dann weniger groß, und sowohl bei dir wie bei ihm können die Reserven der Geduld schneller erschöpft sein. Man tut sich oft zuviel an ohne einen gemeinsamen Fundus freundlicher Erfahrung, es sei denn, du ahnst oder spürst hinter den negativen Gefühlen, sei es in seiner Stimme, seinen Augen, woran auch immer, daß du neben allem deinem Mißtrauen einen guten und dich tragenden Kern in ihm entdeckt hast, der dir hilft, dich durch die Dornenhecke zu schlagen. Auf jeden Fall ist es aber besser, du erlebst im Erstgespräch etwas, was dich anwärmt, hoffnungsvoll stimmt, deine Zuneigung anregt. Du wirst es mit deiner negativen Übertragung noch früh genug zu tun bekommen. Aber du mußt die Reise ja nicht beginnen mit einer Frau, die dich sofort an deine böse Stiefmutter erinnert, oder einem Mann, der dir sofort die schlimmsten Seiten deines Vaters widerspiegelt. Ob die Enttäuschung auf realen Eigenschaften von ihm beruht, oder vorwiegend auf dem Grauschleier deiner Lebensbrille, kannst du am Anfang sicher nicht gut unterscheiden. Auf jeden Fall solltest du auf die Enttäuschung und ihr Ausmaß achten, falls sie sich einstellt. Sei mißtrauisch gegen dich selbst, wenn du spürst: er paßt zu gut ins Bild deiner ohnehin starken negativen Erwartungen. Denn dann kann sein: du bist ein Katrastrophenmensch! Dazu kannst du stehen und losrennen! Oder du kannst innehalten und dich genau dies fragen: will ich auf eine tragische Wiederholung zugehen und glaube im tiefsten Grunde meiner Mördergrube, aus der ich doch ein Herz machen will,

an ein bitteres Ende? Du hast ein gutes Ende verdient, du mußt nur selbst auch dafür sorgen.
Wenn du *nicht* am Ende deiner Kräfte bist oder selbst wenn du genau spürst, du hast auf Anhieb den richtigen Therapeuten gefunden, schau dir wenigstens zwei an, bringe dich in die Lage zu wählen, wage einen ersten Vergleich. Du brauchst es nicht einmal heimlich zu machen, wie es viele tun müssen, du darfst es offen tun, und wenn einer gekränkt reagiert, weil er es schlecht erträgt, in deiner angeschlagenen Seele nicht gleich eine Monopolstellung einzunehmen, so hast du Grund zur Skepsis. Dann gönnt er dir vielleicht nicht die Freiheit zu wählen und meint, du müßtest dankbar sein, ihn gefunden zu haben. Obwohl es in manchen Städten bereits Therapeuten gibt, die auf Patienten warten wie der Jäger aufs Wild oder wie Freud selbst in seinen Anfängen auf die »Neger«, ist im allgemeinen die Marktmacht der Therapeuten groß, und wie bei jedem Berufsstand verdirbt das ein wenig die Sitten: du kommst auf Wartelisten oder wirst vertröstet und hingehalten. Das ist nicht zu vermeiden. Aber laß dich dadurch nicht einschüchtern und in die Lage versetzen, blind zuzugreifen nach der ersten Audienz. Es klingt mir jetzt selbst merkwürdig, wenn ich die Gesetze des Marktes anwende auf die Verteilung von Therapieplätzen. Sie funktionieren nur bis zu einem gewissen Grad, entfalten aber doch eine Wirksamkeit auf einer schwer bestimmbaren Ebene. Vielleicht ist es mit der Knappheit der Therapeuten wie mit der Knappheit der Männer nach einem Krieg: die heiratswilligen Frauen befinden sich in einer latenten, ihnen vielleicht kaum bewußten kollektiven Torschlußpanik und heiraten den Nächstbesten, weil sie fürchten, keinen anderen mehr zu finden. Es könnte eine der scheußlichsten Kriegsfolgen gewesen sein, daß Tausende oder Zehntausende von Ehen geschlossen wurden nicht aufgrund normaler Werbung und liebender Wahl, sondern aus Angst, Panik, Heimatsuche, Suche nach Unterschlupf, Nahrung und Versorgtsein. Und vielleicht stammst du sogar aus einer solchen Ehe, die

nicht primär durch Zuneigung zustande kam. Dann wiederhole nicht das Schicksal oder die Leichtfertigkeit deiner Eltern bei der »Wahl« deines Therapeuten. Und wenn du dich psychisch ohnehin schon für ein Mauerblümchen, ein Wrack, einen Schrotthaufen oder ein mißgestaltetes Fabelwesen hältst, dann paß doppelt auf, und wähle nicht nur auf der Basis deines gegenwärtigen Selbstwertgefühls.

Umgekehrt solltest du aber auch aufpassen, welche Rolle dir dein Größenwahn spielen will: du glaubst vielleicht, du mußt einen »Berühmten« finden, einen anerkannten Markenartikel, und du nimmst Reise, Wartezeiten, höhere Kosten usw. in Kauf und bist doch nur einem Selbstwertproblem zum Opfer gefallen, willst Garantien, die es nicht geben kann, suchst eine Aufwertung durch den Namen deines Therapeuten und pflegst nur deinen kindlichen Wunderglauben oder hoffst, damit endlich deinen früh verletzten Stolz wiederherzustellen oder Stoff zum Angeben zu finden. Der glänzende Name eines Therapeuten hilft dir auf die Dauer gar nichts; wenn ihr anfangt, miteinander durchs Unterholz zu kriechen, ist ein Heiligenschein eher störend. Ertappst du dich bei solcher Prominentensuche, dann frag dich, was du, vor aller therapeutischen Arbeit, mit deinem Adelstick an inneren Schwachstellen reparieren willst. Den Weihnachtsmann, nach dem du suchst, gibt es nicht, selbst wenn er in der »scene« als solcher gehandelt wird. Überhaupt: die Börsengerüchte in dem Milieu, in das du nun eintauchst! Mal hört es sich an, als sei von Rennpferden die Rede, mal ist die Originalität das Kriterium, mal stehen die Aktien der Mütterlichkeit hoch im Kurs, mal wird vom konfrontativen Stil geschwärmt, usw. Dein Pech und dein Glück ist, daß du selber prüfen mußt, wer zu dir und zu wem du paßt. Aber wenn du aktiv wählen kannst, ersparst du dir auch späteren Groll gegen ihn und dich, weil du dich ohne viel Orientierung wie ein blindes Neunauge nach einer Hungerkur einfach an ihm festgesaugt hast.

## *Die sogenannten Flitterwochen*

Nun hast du dich also, trotz meiner vorsichtigen Warnungen, mit einem Tiefseetaucher eingelassen, oder mit einem Bergwerkskumpel, wie du willst, und steigst entweder in den Fahrstuhl der Regression oder fängst an, ihn zu bekämpfen, zu lieben oder zu verehren, ganz nach deinen neurotischen Spezialbedürfnissen, oder du stürzt dich in deine Orgien des Mißtrauens oder der Kränkbarkeit, wanderst durch die Minenfelder der Mißverständnisse, oder vollführst deine Tänze zwischen den überall aufgestellten Hindernissen, über die du stolperst oder auch er stolpert. Du kannst die Couch erleben wie eine warme Badewanne oder wie eine Folterbank, wie ein Kinderbettchen oder wie einen Katafalk, auf dem du deine innere Abgestorbenheit aufbahrst. Vielleicht spürst du auch von alldem nichts, weil du erst einmal brillant und in stolzer Gefühlskälte drauflosredest: als gebranntes Kind hast du natürlich keine Lust, dich in Abhängigkeit zu begeben. Du bist jetzt für andere Personen oft in den Dunst milder Verrücktheit verschwunden oder quatschst ihnen die Ohren voll mit deinen Deutungen oder deinem missionarischen Eifer, daß sie dir deinen Psycho-Trip bald nachmachen sollen.

Du erlebst seine spärlichen Worte wie Goldkörner, Kaugummireste oder bittere Pillen, wie Geschenke oder wie Angriffe, manchmal sogar als erhellende Hilfestellung. Du bist bereit, ihn anzustaunen oder zu verachten, schwebst an seiner Hand über blühende Wiesen oder kletterst durch deine Rumpelkammern, schenkst ihm deine ersten Träume und bist gespannt, ob er sie begreift und wohlschmeckend aufbereitet. Du hörst Worte und Sätze, die du zu verstehen meinst, in Wirklichkeit aber horchst du auf die Musik der Stimme oder suchst, was hinter den Worten verborgen ist. Er sagt vielleicht, wenn du etwas aus deinem Beruf erzählst:

»Ich habe den Eindruck, daß Ihnen das ganz gut gelungen ist«, und du fragst dich, warum er dich in so subtiler Weise beleidigt, denn du hast sehr gekonnt sein zustimmendes Lächeln mit einem ironischen Grinsen verwechselt. Mach dir nichts draus, du spinnst jetzt, deswegen gehst du ja hin, deine Spinnerei heißt übrigens Übertragungsneurose, und sie ist, neben dem Honorar, dein Hauptbeitrag zu der gemeinsamen Unternehmung, von der Pünktlichkeit einmal abgesehen, aber du bist wahrscheinlich sowieso minutensüchtig und also eher zu früh als zu spät da, es sei denn, du bekämpfst ihn und dich mit Zuspätkommen.

Wichtig ist, ob du gründlich und ausgiebig spinnen darfst! Und zwar auf vielen Ebenen. Übrigens, wenn ich immer von *ihm* rede, vergesse ich nicht, aus chauvinistischen Gründen, daß mindestens die Hälfte der Psychotherapeuten weiblichen Geschlechts ist, ich will nicht dauernd (oder sie) in Klammern setzen, ich will, falls du selbst weiblich bist, keinen Anlaß geben für feministische Proteste. Solltest du trotzdem Lust zu Protesten haben, besprich es zuerst mit ihm (oder ihr), denn es könnte, neben meinem Problem, auch deines sein. Wenn du (als Frau) bei einem Mann bist, denkst du vielleicht sowieso, ich sei auf jeden Fall mit ihm verbündet.

Es geht jetzt sehr ernsthaft darum, ob ihr die richtige Deutungsebene zusammen findet. Es kann sein, daß du gerade zum dritten Mal einem guten Freund den Ehepartner ausgespannt hast und dir das allmählich verdächtig vorkommt. Dann ist die Annahme nicht ganz falsch, du habest eine kleine ödipale Störung in deiner Seele, und die Analyse kann ruhig auf dieser Ebene beginnen, vorausgesetzt, du bist nicht noch nebenbei oder hauptsächlich psychotisch. Sehr viele Analytiker leisten immer noch ihren hippokratischen Eid auf den Ödipuskomplex, obwohl sich allmählich herumspricht, daß du vor dieser festlichen Zeit deines Kindergartenalters schon allerlei, vorwiegend mit deiner Mutter, durchgemacht hast. Nicht daß ich sie beschuldigen, oder dir deine besonnte

Kinderstube verderben wollte! Sie hat, wie du weißt, nur dein Bestes gewollt, gerade wie es dein Analytiker jetzt auch mit dir vorhat. Daß man gerade daran erkranken kann, wenn sich diese edlen Absichten mit den dafür aufgewandten Fähigkeiten nicht ganz decken, macht dein Pech aus. Dein Begleiter im inneren Bergwerk mag ein ausgezeichneter Ödipus-Kenner sein. Wenn du aber zunächst auf ganz anderer Stufe erkrankt oder zu kurz gekommen bist, bist du nämlich bereits angeschlagen im ödipalen Kindergarten erschienen, und dann führt dich dein Begleiter erst einmal im falschen Stockwerk spazieren.

Du bist zu Beginn einer Analyse oder Therapie, aber auch noch lange Jahre, in einer so abhängigen, so dankbaren, so annahmebereiten, so lernbegierigen, so anpassungswilligen, so zur Identifikation, zur psychoanalytischen Allesfresserei geneigten Stimmung, daß du bereit bist (oder nicht fähig, dich zu wehren), ihm dorthin zu folgen, wo er dich sieht und definiert. Du merkst es ohnehin nicht sofort, du wirst sogar begeistert sein, daß dich einer erkennt, neu zusammenflickt, und dir durch das zusammenhängende Muster seiner Deutungen einen inneren Zusammenhang zu geben scheint. Du denkst, er ist der Fachmann, und siehst ihn (falls nicht das Gegenteil der Fall ist) im verklärten Licht spontaner Zuneigung. Noch nie hat sich jemand so warmherzig, geduldig und kontinuierlich mit dir beschäftigt. Wenn du kein Eisklotz bist, erzeugt das unweigerlich Dankbarkeit, bei manchen Fügsamkeit, oder den unbedingten Willen, ihm zu gefallen, ihn zu belohnen, ihm Recht zu geben, ja sogar, ihm Recht zu verschaffen, selbst auf deine Kosten. Du bist vielleicht schon als Kind dressiert worden, die Stimmungen und die Absichten deiner Eltern wortlos zu erfassen. Du hast überlebt, weil du gespürt hast, auf welche Weise dich deine Eltern brauchen. Du hast die hinter den Worten liegenden Ängste, Wünsche, Sehnsüchte und Bedürfnisse gespürt. Du warst verfügbar als Kind, auch wenn du schließlich rebelliert hast, und du bist jetzt in Gefahr, wieder verfügbar zu werden. Du ahnst gar nicht, wie unerschöpflich deine unbewußte Einfühlungsgabe ist, wie hellseherisch du geheime Intentionen erkennst und befolgst. Kurz, du bist lenkbar, selbst wenn du die unbewußt von dir aufgefangenen Signale, deinem verbogenen Hörgerät entsprechend, deformierst und auf deine ureigenste Weise verfälscht verwertest. Ihr seid vielleicht beide voneinander begeistert, und um so sicherer wirst du zum zielstrebigen Zuarbeiter. Du fängst an, ihm aus der Hand zu fressen. Ich will dich nicht kränken, was nicht auf dich zutrifft, das kannst du ruhig überlesen. Ich rede, und wiederhole mich, von den Gefahrenmomenten, nicht von einem gelingenden gemeinsamen Suchprozeß nach deinem Unbewußten. Im verliebten Zustand ist man zu Opfern der Selbsterkenntnis bereit, die später nur mühsam wiedergutzumachen sind. Du bist es um so mehr, als der subtile Selbstverlust dir im Gewand eines Zuwachses an Selbsterkenntnis, an Wissen über dich, an packender Einsicht erscheinen kann. Darüber werde ich später noch mehr sagen.

In den Flitterwochen jedenfalls bist du bereit, vieles zu übersehen, was später zum Scheidungsgrund wird, oder die sichere Brücke zur therapeutischen Mesalliance. Du ahnst noch nicht, zu welcher Selbstverleugnung dich die Liebe, die Anhänglichkeit, die Dankbarkeit und das Bedürfnis, selbst geliebt oder gebraucht oder benutzt zu werden, führen kann. Du bringst vielleicht so viel Bedürftigkeit nach Übereinstimmung, nach symbiotischem Gleichklang mit, daß es dir nicht einmal im Traum einfällt, zu zweifeln oder Bedenken anzumelden. Du brauchst es, ein Herz und eine Seele mit ihm zu sein. Du schluckst seine Deutungen wie Schätze oder wie verzuckertes Material für deinen seelischen Innenausbau. Du errätst seine geheimen Ideale, seine verleugneten Träume, seinen ganz spezifischen Wunsch nach Anerkennung. Du ahnst, wie er sich selber sehen möchte, oder wie du für ihn meinst, daß er sich sehen sollte. Das wird rasch unentwirrbar, oder: daran wirst du freiwillig ja nie mehr rühren, außer wenn irgendwann die Enttäuschung wie aus Kübeln über dich hereinbricht, denn du brauchst es, im geheimen gebraucht zu werden, deine kostbarsten Schätze der Unterwerfung, der Verehrung, der Identifikation hältst du ja klug verborgen, oft auch vor dir selbst. Du hast nicht nur ein Bedürfnis nach Nähe und Übereinstimmung, du hast oft auch das Bedürfnis, euch beide, eure Übereinstimmung, euer inniges Verständnis zu verklären, zu idealisieren, euch zu einem psychoanalytischen Traumpaar zu stilisieren, kurz, euch einen gemeinsamen Heiligenschein umzulegen. Dies alles kann sogar ablaufen, während du auf einer bewußteren Ebene gegen ihn kämpfst oder mit tollkühner Indirektheit zu bemerken wagst, er erinnere dich manchmal an einen bestimmten Lehrer in der ersten Klasse, der sei sehr lieb und ein bißchen rechthaberisch gewesen und hätte manche Kinderstreiche nicht sehr gut verstanden.

Du kannst deinen Zustand ja gelegentlich diagnostizieren an deinen Reaktionen, wenn du ihn auf der Straße triffst oder in einem Restaurant oder bei einer kulturell hochstehenden Veranstaltung wie Kino oder Theater. Führe ruhig deine Hand zum Puls, das kannst du ganz heimlich machen, ohne daß dein Freund oder deine Freundin oder dein Ehegespons es merkt. Wenn er sich etwa verdoppelt, hat die Übertragungsrakete gezündet, du bist im ausreichenden und notwendigen Delirium, vermagst aber Zucker und Salz in einer Deutung nicht mehr zu unterscheiden. Um den Prozeß der Verklärung nicht zu stören, bist du jetzt bereit anzuerkennen, daß du es schon lange auf seine Frau abgesehen hast, während du in dem Traum, der ihm das nahegelegt hat, vielleicht am Bild seiner Frau dich traust, dich vorsichtig deiner Sehnsucht nach einer tiefen Mütterlichkeit zu nähern, die du ihm gegenüber entweder noch nicht spürst, oder die es dir schwerfällt mit einem Mann in Verbindung zu bringen, oder die er möglicherweise auch nicht hat, oder die du dir eben von einer dritten Person ersehnst, damit du ihn in einer anderen für dich wichtigen Rolle festhalten kannst.

Das ist jetzt ein entscheidender Moment. Du selbst weißt

noch nichts über die Richtung des Traumes, du ahnst ja noch nicht einmal, auf wie tief verschüttete Wünsche du dich inzwischen vorsichtig einlassen möchtest. Der Traum ist also eine Anfrage: darf ich überhaupt als Wunsch wahrnehmen dürfen, was mir guttun könnte? Die Antwort, falls er den Traum auf einer ödipalen Ebene deutet und du gehst darauf ein, weil du ja dann schon ein ganz schön durchtriebenes Kerlchen bist, das dem mächtigen Papa die Gattin neidet und für sich beansprucht – die Antwort auf deine vorsichtige Anfrage, ob du deinen Wünschen und Ahnungen trauen darfst, ist ein glattes Nein. Keiner von euch beiden merkt es. Ihr seid voneinander begeistert: du, weil du einen echten Ödipuskomplex hast und schon so wohlkonturiert damit im Traum umgehst, und er, weil er dich so sicher auf dem anerkannten Pfad der psychoanalytischen Untugend geleitet.

Da ihr noch Flitterwochen habt, wirst du ihm trotz der falschen Ebene, auf der ihr euch befindet, seine Mühewaltung mit Symptombesserungen heimzahlen, so daß du außerdem das Gefühl haben kannst, du seist wirklich an einen sehr heilkräftigen Profi geraten. Es gelingt dir sogar, dein weiteres Traumleben an der von ihm vorgeschlagenen Deutungsrichtung zu orientieren, was euch noch mehr die Gewißheit gibt, vereint und verschworen durch die Gefahrenwelt der ödipalen Film-Attrappen zu reiten. In Wirklichkeit reitet ihr über das dünne Eis des Bodensees. Die spannende Frage ist nur, wie lange das Eis trägt oder wer zuerst ermattet vom Pferd fällt.

Während der Flitterwochen und auch noch lange danach ist es sehr schwer für dich, nachzuprüfen, ob ihr euch auf das richtige Stockwerk zubewegt! Natürlich ist diese Zeit im Idealfall eine Zeit der gemeinsamen Orientierung, Traditionsbildung, Vorbesichtigung deiner Innenwelt, eine Zeit, in der Irrtümer noch leicht zu korrigieren sind. Es kann ja sein, du bist ein wenig hartnäckiger in deiner unbewußten Zielstrebigkeit und produzierst einen Traum, der unüber-

sehbar auf deine frühen Bedürfnisse oder Entbehrungen hinweist. Dann bringst du einen reichlich kräftigen Selbst-Kern mit und wagst es, wenigstens im Traum ihm zu widersprechen. Ihr seid an einer neuen Weggabelung: wenn du Glück hast, kann er genau hinschauen, sich korrigieren oder so auf deine Stimmung und deine Einfälle achten, daß sich eine ganz neue Tür öffnet. Es kann aber auch sein, daß er den neuen Traum verwirrend findet, oder daß du das Gefühl hast, du seist bockig oder nebelwerferisch, und auf einmal ist der schöne Traum ein Widerstandstraum oder ein Verschleierungsversuch, und ihr habt gemeinsam das Gefühl: Gott sei Dank hat dich dein schlauer Magier eben noch rechtzeitig bei diesem Verdunkelungsversuch erwischt, und nun tretet ihr wieder gemeinsam und geläutert, und du noch mehr mit Bewunderung beladen, hinaus in die helle Welt der ödipalen Fata Morgana.
All dies ist natürlich höchst vereinfacht dargestellt. Ihr könnt trotz der Verirrung nützliche Arbeit zusammen leisten, man kann Irrtümer ja, wie schon gesagt, auch korrigieren, oder man kann probeweise die beiden Deutungsebenen, die dann beide zusammen vielleicht noch eine dritte verdecken, nebeneinander herlaufen lassen, bis die Sachlage eindeutiger wird. Eure Situation ist noch längst nicht aussichtslos, nur: dein Unbewußtes ist eingeschüchtert und hat gelernt, aufzupassen. Es hat eine Abfuhr erlitten, mit Konfliktstoff, den du sowieso am liebsten dem Sperrmüll übergeben würdest, statt ihn auf die Couch zu bringen. Mit Hilfe deiner Überlebenskraft entschließt du dich aber, trotz oder wegen der falschen Deutung zu gedeihen und bringst es möglicherweise im Dienste deiner Anpassung an die Theorie des Analytikers zu einer beträchtlichen Scheinblüte.
Du spürst vielleicht eine gelegentliche Gereiztheit in seiner Stimme, versuchst, es wieder zu vergessen. Dein Unbewußtes vergißt es nicht. Gereiztheit auf seiner Seite ist häufig ein Zeichen dafür, daß er sich auf der richtigen Deutungsebene wähnt und dich als bockig, als im Widerstand befind-

lich erlebt. Es kann ein Anzeichen dafür sein, daß er selbst Mühe hat mit deinem (manchmal ganz schön raffinierten) Spiel der Ebenen, oder mit dir selbst unverständlichen Feinheiten deiner Überprüfung seiner Tauglichkeit. Im übrigen weißt du selbst noch nicht viel über deine außerordentliche Kraft, die Szene mit ihm so zu gestalten, daß er, ohne es zu merken, so auf dich reagiert, als wäre er instinktiv in die Rolle deiner Mutter oder deines Vaters geschlüpft. Du läßt auch nichts unversucht, das Allzubekannte bei ihm wiederzufinden. Gereiztheit ist ein gutes Zeichen dafür, daß ihr euch auf der Schwelle zu einem Clinch befindet, auf der der Wiederholungszwang euch beide beim Schlafittchen packt. Du machst ihn damit zum Mitspieler oder Gegenspieler deines Kindertheaters. Das ist dein gutes Recht, anders kannst du ihm vieles gar nicht verständlich machen. Nur mußt du darauf vertrauen können, daß er den Ausweg findet, indem er zum Beispiel deine Kraft anerkennt, ihn zu manipulieren, zu bedrängen, ihn durch starke szenische Kräfte spüren zu lassen, was früher wohl einmal mit dir geschehen ist, und welchen undurchschaubaren Magnetfeldern du ausgesetzt warst, beziehungsweise, welche unbewußten Szenen du als Kind auch früh schon mitgestaltet hast. Du mußt erwarten können, daß er vom Kampfplatz ruhig zurücktreten kann, um dir aus einer ganz anderen, ganz unerwarteten Perspektive einen Blick auf dein inneres Rollenspiel zu zeigen. Also: länger anhaltende Gereiztheit auf seiner Seite darfst du ruhig (oder auch mit einiger Angst) als Warnsignal dafür sehen, daß ihm der Überblick verlorengegangen ist. Wenn du dann verständlicherweise betroffen, vorwurfsvoll, anklagend reagierst, kann sich der Druck, in dem er sich befindet, vergrößern. Das heißt, du verstärkst deinen Prüfungsdruck, und der Kampf um die Wiedergewinnung eines bekömmlichen Arbeitsbündnisses wird für beide elementar. Wenn du dann im wesentlichen nur Widerstandsdeutungen bekommst, solltest du möglicherweise schon an eine Beendigung denken. Ihr seid in einen Machtkampf eingetreten, und wenn er ihn nicht durch einen souveränen Wechsel der Ebene entflechten kann, wird es bedrohlich für dich, denn du bist in der schwächeren Position. Dein Widerstand kann das Wertvollste sein, was du in dieser Lage noch hast. Eine sich ständig wiederholende Widerstandsdeutung impliziert nämlich, daß er die Wahrheit kennt und du nur störrisch, unfähig oder noch nicht reif bist, diese Einsicht zu akzeptieren. Nur wenn ihr beide wirkliche Kampfhähne seid und eure Schlachten auch genießt, wirst du durch eine Stärkung deiner Person belohnt, mit einem Stück Individuation. Meistens endet das Spiel aber in tiefer Entmutigung, und du nimmst zu Recht an, daß ihr euch verrannt habt, daß deine Lebenskräfte nicht mehr recht gewürdigt werden, daß er ein Freund des Stellungskrieges ist.

Ein anderes Zeichen, an dem du, noch reichlich unkundig und immer noch sehr gläubig, ein »Nicht-Ankommen« deinerseits erkennen kannst, ist ein Gefühl der Resignation, ein unwillkürliches Verstummen, eine Lustlosigkeit, weiteres Material zu bringen. Noch bevor er gereizt wird, magst du gespürt haben, daß bestimmte dir wichtige Seiten unwillkommen sind. Bitte, laß den Finger nie von deiner eigenen Nase, es kann alles Projektion sein, die Erwartung, daß dir auch durch ihn das Altbekannte-Immergleiche widerfährt. Du solltest über deine Resignation natürlich sprechen, noch besser wäre, wenn er sie selbst spürt und aufgreift. Aber ich schreibe ja über Situationen, die den Keim der Zerstörung in sich tragen, und über Möglichkeiten, dich vor einer schlimmen Erfahrung zu schützen. Lustlosigkeit, Resignation, eine stille Verzweiflung können untrügliche Signale sein, daß ein wichtiger Teil von dir verlorengeht oder nicht ankommt. Natürlich kann diese Resignation wichtig sein, deine einzige Möglichkeit, diesen Selbst-Verlust in die Therapie zu bringen. Dann ist deine Verzweiflung eine Brücke zu neuen Entdeckungen. Er wird dir dann, wenn er gut ist, beim Bau dieser Brücke helfen und fragen, ob du vielleicht trauerst um einen Anteil, der sich nie zeigen durfte und von dem du jetzt

annimmst, daß er draußen bleiben muß. Wenn er aber wirklich nicht fähig ist, diesen Anteil zu ahnen und die Brücke mitzubauen, vertieft sich diese Exkommunikation einer wichtigen Seite in dir, und du opferst sie am Ende endgültig der Erhaltung einer guten Beziehung zu ihm. Es gibt aus dieser fast tragischen Situation manchmal gar keinen Ausweg: kein Analytiker kann alle Seiten an dir gleich gut erfassen, würdigen, wiederbeleben. Dafür gibt es später, wenn die Arbeit sonst gut war, die Chance einer ergänzenden Therapie, wenn du sehr unglücklich bist. Ich sage ergänzend in der Hoffnung, daß du nicht eine wiedergutmachende Therapie brauchst.
Neben Resignation und stiller Verzweiflung kannst du aber auch ein schleichendes Gefühl der Unwirklichkeit spüren, der Entleerung, der Fassadenhaftigkeit. Und wiederum sage ich, dies mag der einzige Zugangsweg sein, um sonst Unerkennbares ans Licht zu heben. Du fühlst dich unwirklich in der wiederholenden Übertragung und hoffst, daß ihr gemeinsam diese Unwirklichkeit durchbrechen könnt. Voraussetzung dafür ist aber, daß du zurücksinken darfst auf die Ebene der Beziehung, die noch einigermaßen heil war, bevor das Unwirklich-Werden der einzige Schutz gegen Zerstörung eines Kerns deiner Person war.
Merkwürdig: ich habe dieses Kapitel mit Flitterwochen überschrieben, und eigentlich solltest du voller Wonne und Zuversicht sein. Wo sie sich aber ins Gegenteil verkehren, ist Gefahr im Verzug. Je klarer du über deine Gefühle sprichst, desto eher werden sie entweder, auch für dich einleuchtend spürbar, Arbeitsmaterial eurer psychotherapeutischen Beziehung, oder aber sie verfestigen sich, und dein Unbehagen ist ein Zeichen sich regenden Selbstschutzes. Dieser Selbstschutz kann noch einen anderen Weg wählen, um dich zu warnen: du nimmst zunehmend wahr, daß du ihn nicht wirklich magst, liebst, anerkennst. Das kann wieder zur Übertragung gehören, aber dann hast du das Pech gehabt, mit einer tiefen, negativen Wiederholung eines Grundge-

fühls durch die Therapie gehen zu müssen. Dann ist schon beim Erstgespräch etwas schiefgegangen. Oder aber: die Zuneigung ist dir wirklich innerhalb weniger Monate verlorengegangen, und das ist ein ernstes Zeichen. Das gleiche gilt umgekehrt: du kannst das Gefühl haben, er mag dich zu wenig. Hier ist die Verwechslung mit deinen früheren Erfahrungen am naheliegendsten, weil ja auch entsprechend deine Wünsche nach Zuneigung riesengroß sind und dir manchmal erschreckend und unersättlich vorkommen. Es kommt aber immer wieder vor, daß Therapeuten Patienten in Behandlung nehmen, die ihnen nicht wirklich sympathisch sind, und das erschwert die Arbeit immens. Das Deutungsklima ist kühler, und seine spontanen Ermutigungsreaktionen karger, ärmer, seltener. Du mußt dann bei Wasser und Brot gedeihen, gar bei subtiler Ablehnung deiner Person. Bring es zur Sprache, dieses Gefühl, es ist besser, sich nach einigen Monaten in Klarheit zu trennen, als ein paar Jahre in dumpfer Unaufrichtigkeit und vernebelten Gefühlen zu vegetieren.

Schließlich kannst du erleben, wie du zunehmend verwirrt wirst. Eine noch ganz unklare Stimme in dir, oder auch mehrere Stimmen, die du kaum zu entziffern vermagst, geraten in Gegensatz zu seiner Stimme, oder auch zu seinen für dich unentwirrbaren Stimmen. Wiederum kann Wiederholung am Werk sein. Du stürzt dich, vielleicht gerade, weil du angefangen hast, ihm zu vertrauen, in einen Gruselkeller deines Lebens. Dann kommt es darauf an, ob er Verwirrung zulassen und ertragen kann, weil nur aus der Verwirrung die ersten Spuren einer neuen Klarheit hervorgehen. Es wäre sogar gut, wenn er eingestehen könnte, daß manches ihn verwirrt, wenn »Verwirrung« eines deiner Lebensthemen ist. Versucht er aber, deine Verwirrung aus eigenem Klarheitsbedürfnis mit *seiner* Klarheit aufzuhellen, die nicht *deine* Klarheit ist, dann handelst du dir, nur um aus der Panik des Nicht-Begreifens herauszukommen, ein Stück falsches Selbst ein. Laß dir keine Überzeugungen aufdrängen, die dir

nicht einleuchten. Deine Zweifel sind kostbar, du wagst vielleicht zum ersten Mal in deinem Leben zu zweifeln, und das will anerkannt, nicht als Mißtrauen und Widerstand aus dem Weg geräumt sein.
Es ist schwierig, mühsam, peinlich und ängstigend, inmitten der ersten Monate der Zuneigung, des Zutrauens und der Hoffnung schlimme Wahrnehmungen zu akzeptieren, auszuhalten oder gar zu formulieren. Es verstößt gegen dein tiefes Bedürfnis zu idealisieren, dich von einer Woge der Zustimmung, ja, des Auserwähltseins und der Geborgenheit tragen zu lassen. Kannst du über Enttäuschungen sprechen? Darfst du dich plötzlich inmitten des Aufschwungs der ersten Monate unglücklich, verzweifelt, voll tiefen Mißtrauens fühlen? Verbietet nicht die Dankbarkeit, daß sich dein Zustand verschlechtert? Fühlst du dich nicht gemein, so zu verkümmern, wo er doch mit solchem Eifer ans Werk geht? Fängst du an, ihm manchmal und immer häufiger aus der Distanz zuzuschauen, dich vorsichtig aus dem anfänglichen Engagement zurückzuziehen? Kannst du, wenigstens im stillen Kämmerlein, einem dumpfen Unbehagen Worte geben? Würdest *du* dich verurteilen, wenn du entdeckst, du hast die Flitterwochen mit dem Falschen begonnen? Welchen Preis bist du bereit, zu zahlen, um dir dies nicht eingestehen zu müssen? Ohne darauf Einfluß zu haben, bin ich wieder in einen tiefernsten Ton verfallen, in den ich in diesem Kapitel eigentlich nicht geraten wollte.
Deine Kräfte der Loyalität sind sicher noch längst nicht verbraucht, sie wollen ja erst aufblühen, sie werden vielleicht erst in Jahren unnützen Durchhaltens verbraucht. Und doch solltest du, ernsthafte Zeichen der Unverträglichkeit vorausgesetzt, dich prüfen, wie es mit deiner Loyalität der Familie gegenüber beschaffen war: hast du über Jahre sinnlose Arrangements durchgestanden, weil du befürchtet hast, deine Familie verkrafte einen Rückzug nicht, du müssest sie stützen, schützen, nach außen verteidigen, ihr inneres Gleichgewicht mitgarantieren? All diese Fragen werde ich später

vertiefen, sie können aber auch schon in den ersten Monaten wichtig werden.
Weiht dich der Therapeut in Geheimnisse ein, die dich nichts angehen? Verrät er dir zuviel über seine Meinungen, Vorlieben, Ressentiments? Wirst du unbemerkt ein Bündnispartner seiner Ansichten? Bist du stolz, seine Meinungen auch über außeranalytische Dinge teilen zu dürfen? Dir erscheinen Meinungsäußerungen seinerseits wie Geschenke des Vertrauens, der Nähe. Erst später wirst du sehen, wieviel Freiraum dir ein Stück vorschnell geäußerter Lebensphilosophie von seiner Seite wegnimmt. Rechtfertigt er seine theoretische Position? Führt er Gegner vor, von denen er sich abgrenzt? Dann hast du ein Stück Freiheit verloren, den eigenen Weg zu finden. Du magst ihn selbst verführt haben, im Tiefsten hoffst du aber, er sei nicht verführbar, dich vorzeitig durch seine Meinungen einzuengen. Du bist dann kein freier Mensch mehr, und solche Geschenke verpflichten dich, ohne daß du es zunächst merkst. Du denkst, du kommst ihm nahe, weil du dich in sein Privatboot eingeladen fühlst. Dabei kannst du noch gar nicht schwimmen, und wenn du später im tieferen Gewässer aussteigen willst, hast du Angst vor dem Ertrinken. Es ist so wundersüß am Anfang, vom Analytiker ins Vertrauen gezogen zu werden. Aber denk daran: er selbst kann unfähig sein, die notwendige und heilsame Distanz zu wahren, oder er mag, aus Unsicherheit, Selbstzweifel oder Angst vor deiner kommenden Wut, Gründe haben, dich zu bestechen. Oder fühlst du dich, glücklich und berauscht zunächst, vorschnell zum Schüler erwählt, zum Lehrling, zum Mitstreiter einer Schulrichtung? All dies klingt so plump, und ich sehe manche Kollegen die Köpfe schütteln ob solcher primitiver Verdächtigungen. Aber auch Therapeuten befinden sich in seelischen Notlagen, in unbewußter Bedürftigkeit, und du als Neuling fühlst dich aufgewertet, wenn du einbezogen wirst in seine Welt.
Du sollst für nichts anderes dankbar sein müssen als für seine Aufmerksamkeit, seine Einfühlung, fürs »Ertragen« deiner

Schwächen, Nöte und Angriffe, nicht für Geschenke, die mit eurer schwierigen Arbeit nichts zu tun haben. Du magst nach solchen Geschenken gieren wie nach Liebesbeweisen, ohne die du verhungerst. Aber denk doch ab und zu daran, welchen Preis du für allzufrühes Einbezogensein bezahlt, wieviel Freiheit und Unbefangenheit du verloren hast, als dich die Eltern zu Zeugen, Vertrauten, Bündnispartnern, Vertraulichkeitsträgern gemacht haben. Das anfängliche Glück des Gebrauchtwerdens verwandelt sich bald ins Unglück einer beklemmenden Verflechtung.
Viele Fehler, Mißverständnisse, Ungeschicklichkeiten signalisieren nicht totale Unbekömmlichkeit oder gar das drohende Mißlingen eurer Beziehung. Ihr sucht einander, und du darfst ja davon ausgehen, daß er sich bemüht, dich zu finden, zu verstehen, sicher zu begleiten. Kräche, Störungen, Mißverständnisse, die ihr zusammen wieder meistert, stärken die Beziehungen: du, oder ihr zusammen, entwickelt ein Gefühl für Krisenmanagement, ihr lernt aus den Erfahrungen. Er selbst braucht ja auch seine Lernzeit mit dir, testet deine Reaktionen, deine Empfindlichkeiten, deine Belastbarkeit. Du darfst ein großes Potential an Geduld voraussetzen, an Suchbereitschaft. Aber es verbraucht sich eben schneller, wenn die Anfangssympathie nicht sehr groß ist, wenn ihr mit einer starken negativen Übertragung beginnen müßt, und wenn er dich auf einer wichtigen Ebene nicht findet und du ihm nicht zeigen kannst, wo du mit deinen tiefsten Bedürfnissen bist.
Du magst beim bloßen Gedanken einer Trennung nach ein paar Monaten erschreckt aufstöhnen oder mit Alpträumen reagieren. Du magst es wie ein Scheitern erleben, eine Bestätigung deiner Unfähigkeit; du wirst die Überzeugung, du seist ein Pechvogel, weiter verstärken, und vieles mehr. Wenn ihr euch wirklich nicht bekommt, und du trennst dich, dann wirst du eines Tages stolz sein, daß du den Absprung rechtzeitig geschafft hast, und nicht erst, nachdem deine Fähigkeit zur Loyalität, zum Durchhalten, zur Hoffnung bis

zum bitteren Rest aufgebraucht ist. Aber vor einem Abbruch gibt es noch eine Reihe von Sicherheitsmaßnahmen. Du kannst eine Pause machen, vor allem aber, du kannst versuchen, die Situation mit einem anderen Therapeuten durchzusprechen, wobei ich immer davon ausgehe, daß du wirklich verzweifelt bist und nicht einer Neigung nachgibst, zu petzen, zu verraten, zu jammern, anzuklagen oder jemanden auszuspielen. Über die Schwierigkeiten, einen solchen gelassenen Supervisor eures Unglücks zu finden, habe ich bereits gesprochen. Es ist noch nicht sehr üblich, von außen Einblick zu nehmen in andere therapeutische Beziehungen, außer auf dem Wege der vom Therapeuten gewünschten und herbeigeführten Supervision. Noch ist es tatsächlich so, daß die Berufsvereinigungen der Therapeuten eher stillschweigend viel Leid auf seiten der Patienten (und der Therapeuten) in Kauf nehmen, als über diesen Punkt der scheiternden Therapien zu sprechen.

Natürlich darfst du sogar damit rechnen, daß sich dein Therapeut, falls er sich selbst sehr unsicher fühlt in einem Clinch mit dir, bei befreundeten Kollegen Rat holt. Aber das ist nicht sicher. Wenn der Clinch zu weit fortgeschritten ist und er das Gefühl hat, es seien ihm bereits zu gravierende Entgleisungen passiert oder die Verstrickung sei auf blamable Weise fortgeschritten, so mag er sich auch schämen und versuchen, den Karren trotzig und allein aus dem Dreck zu ziehen. Du bist also in der Situation eines Kindes mit ratlosen Eltern (das kann sich bei denen ja in betont sicherem Auftreten und forschen pädagogischen Maßnahmen äußern), und du magst innerlich zittern, ob sie wohl den Weg zur Erziehungsberatung finden oder nicht. Ich hatte jahrelang die Phantasie, mein Leben wäre anders verlaufen, wenn sich meine Eltern auch nur ein einziges Mal entschlossen hätten, Erziehungsberatung in Anspruch zu nehmen. Aber das war damals nicht üblich, und ich weiß nicht einmal, ob es das in erreichbarer Nähe überhaupt gab.

Wo die Flitterwochen glücken, sind sie für dich der Übergang zu einer oft Jahre währenden therapeutischen Beziehung, die vielen Stürmen standhalten wird. Wo sie nicht glücken, ist ein rasches Ende besser. Denn du magst jedes Jahr, das du in einer nicht-stimmigen Beziehung verharrst, mit einem unglücklichen Kind vergleichen, das ihr zusammen habt und das dir die Trennung erschwert.

Ich will aber auch die umgekehrte Konstellation nicht vergessen: dein Therapeut beendet selbst nach einiger Zeit eure Verbindung. Dem können natürlich die oben geschilderten Schwierigkeiten vorausgegangen sein. Dann magst du selbst im stillen aufatmen. Du kannst dich aber auch rausgeschmissen fühlen, überrascht, unerwartet bei einer Prüfung durchgefallen zu sein. Findest du die Umstände des Rausschmisses unmöglich, dann tröste dich: es war ohnehin etwas nicht in Ordnung! Im günstigen, nicht-traumatischen Fall trennt ihr euch, auf seine Initiative, einverständlich, wobei du dann immer noch einiges aufzuarbeiten oder an Enttäuschung zu tragen hast. Oder er hilft dir bei der weiteren Suche, mindestens erklärt er dir die Gründe einigermaßen aufrichtig. Wenn du eine verschlimmerte Diagnose um die Ohren gehauen bekommst, laß dich nicht unterkriegen. Je weniger gelassen und qualifiziert der Therapeut ist, desto mehr »Schuld« wird er versuchen, dir zuzuweisen. Falls er dir nicht »diagnostisch« kommt, sondern eher mit Verhaltens- oder Charakterkritik, oder gar mit Empörung und Zurechtweisung, dann ist schon bei den Vorgesprächen etwas schief gelaufen. Aber dann nimm das ganze nicht, als wärst du zusammengeschlagen worden. Du hast Pech gehabt, brauchst dich aber nicht vernichtet zu fühlen. Vor allem sagt ein solches Ende nichts über deine Therapierbarkeit. Vor dieser Gefahr nämlich, daß du an diesem Punkt aufgibst, möchte ich dich am meisten warnen. Daß ihr nicht zurechtkamt und unter unerfreulichen Umständen auseinandergegangen seid, sagt *nichts* aus über deine Therapierbarkeit. Es ist oft qualvoll zu sehen, mit wieviel Selbstzweifeln und Hoffnungslosigkeit Patienten aus einem solchen Abbruch hervorgehen, ähnlich wie aus einer stürmisch mißglückten Liebesbeziehung, bereit, sich weder für liebenswert noch für liebesfähig zu halten. Gönn dir eine Pause für einen neuen Anlauf, oder aber, wenn es dir sehr schlecht geht, suche dir jemanden, der dich vorübergehend auffangen kann.

Ich weiß nicht, ob dir der Gedanke etwas nützt, aber: du bist nicht allein, täglich scheitern auf mehr oder weniger qualvolle Weise therapeutische Beziehungen. Ein Teil des Wucherns und Ausuferns der vielen neuen Therapieformen ist anders als durch die Enttäuschungen und Verletzungen ihrer Gründer, Vertreter, Missionare durch die Psychoanalyse gar nicht denkbar, zum Teil geben sie es auch offen zu, wie Fritz Perls, Arthur Janov und andere. Sie sind zwar in ihren Analysen nicht eigentlich gescheitert, haben aber zentrale Dinge, die sie gebraucht hätten, nicht gefunden.

Wohnst du in einer größeren Stadt, dann kannst du Zugang finden zu Selbsthilfegruppen, auch zu Beratungsstellen, oder auch zu einer der vielen Wochenend-Therapiegruppen, wo du vielleicht Menschen in ähnlicher Lage findest. Nur mußt du bei solchen Wochenend-Gruppen doppelt aufpassen. Hier ist der Markt viel wilder und ungeordneter als im Bereich der klassischen Psychotherapie, und wenn du dich beschädigt fühlst, solltest du auf keinen Fall im Blindflug zu einem »Aufreißer« gehen, von dessen Qualifikation du nichts weißt. Du bist in dieser Situation noch verletzlicher und verführbarer. Manche dieser Gruppenrichtungen leben vom Auffangen enttäuschter Psychotherapie-Patienten, sie erwischen sie bei ihrem Groll, ihrer Wut, ihrer Enttäuschung, ihrem Rachebedürfnis. In diesem Zustand schwörst du oft zu rasch neue Bündnis-Eide oder hörst gespannt auf pauschale negative Urteile über Psychoanalytiker. Achte auf diese deine Gefühle, und laß dich nicht im Zustand der Wut für etwas dir Unvertrautes einkaufen.

Es gibt aber inzwischen auch sehr gute Gruppenangebote in Rollenspiel, Bioenergetik, Gestalttherapie, Psychodrama, usw., in denen du wenigstens aufgefangen werden kannst. Unter Umständen brauchst du es, deine Wut, Enttäuschung, ja den Haß einmal herauszuschreien und gehalten zu werden. Du solltest nicht allein bleiben nach einer Therapiekatastrophe, und du darfst vor allem Hilfe in Anspruch nehmen, damit du dir nicht selbst zuviel zuschreibst oder dir in deinem Groll den Magen oder den gesunden Schlaf verdirbst. Manchmal ist es nötig, dem Therapeuten im Rollenspiel oder auf dem leeren Stuhl noch nachträglich Dinge zu sagen, die du, solange ihr euch miteinander herumgeschlagen habt, nie zu sagen wagtest. Schmerz und Trauer und Wut werden dich ohnehin noch lange begleiten, es ist in jedem Fall besser, einen Teil davon loszuwerden, bevor sich ein Ressentiment in der Tiefe einnistet.

## *Die Erziehung des Therapeuten*

Es mag dich wundern, wenn ich von der notwendigen Erziehung des Analytikers spreche. Ich meine dabei nicht seine Ausbildung, für die bist du natürlich nicht zuständig, sondern deinen ganz persönlichen Beitrag zu seiner Entwicklung, seiner Reifung, der Erweiterung seiner Fähigkeit und seiner Fortbildung. So wie sich Eltern idealerweise mit ihren Kindern zusammen, unter deren Einfluß, Druck, Entfaltung weiterentwickeln, so hast du den Wunsch und in einem bestimmten Umfang auch das Recht auf deinen Beitrag zu seiner Erziehung. Normalerweise gehst du zu ihm, weil du *dich*, oder manches an dir, verändern willst. Das ist selbstverständlich. Du magst auch ein sich zunächst neurotisch gebendes Problem haben, indem du dich ganz darauf konzentrierst, ob du *ihn* verändern kannst. Ich hatte jedenfalls einen unbändigen Drang, in dieser Richtung Einfluß auszuüben. Leider habe ich mir da einige gereizte und tadelnde Deutungen eingehandelt. Besser wäre gewesen, den dringlichen Wunsch zunächst auf seine Ursprünge zurückzuverfolgen, die ich aber erst sehr viel später verstanden habe. Ich hatte nämlich als Kind das Gefühl, vollkommen ohne Einfluß auf die Haltung meiner Eltern zu sein. Wenn ich dann später sah, wie andere Kinder mit ihren Eltern verhandeln konnten, und die Eltern bereit waren, ihre Haltungen zu diskutieren, sie auch zu ändern, dann war ich voll Trauer und Neid. Erziehung war für meine Eltern etwas ganz Einseitiges. Übertrieben gesagt, war ich eher ein Bändigungsproblem, ein Fall für Dressur, Überichbildung, sogar Einschränkung meiner Lebendigkeit. Sie haben sich selten anstecken, anregen lassen, und so mußte ich wichtige Entwicklungsschritte ihnen zum Trotz machen oder an ihnen vorbei. Unbewußt ahnte ich, daß sie auch vieles »verpassen«, sich nichts schenken lassen. Sie haben nicht mit mir zusammen leben gelernt. Später sah ich dann erstaunt oder erbittert zu, wie ihre Haltung den nachfolgenden Geschwistern gegenüber weicher wurde, wie sie mitgingen, sich anregen ließen, toleranter waren, gar neue Einsichten und Gefühlslagen zuließen. Als sie mich als Erstgeborenen erzogen, war ihr eigenes Überich noch starr, sie gaben ihre eigenen Erfahrungen unreflektiert weiter, sie hatten Angst vor spontaner Entwicklung, Welteroberungslust, Trotz, Erfahrungen, die ihnen fremd waren. So habe ich mich oft vergeblich abgemüht, Dinge, die für andere Kinder unter Umständen selbstverständlich waren, ihnen schmackhaft zu machen. Sie mußten, um nicht aus dem Gleichgewicht zu geraten, vieles, nach dem ich mich sehnte, entwerten oder für schlecht, gefährlich, unchristlich, oder auch unevangelisch, im Gegensatz zu den »leichtsinnigeren« Katholischen, erklären. In meinem Wiederholungszwang habe ich dann wohl auch meinen Hauptanalytiker in eine Rolle manövriert, in der er, wie in unbewußter Korrespondenz, strenger, kritischer, gereizter war gegenüber meinem Drang, ihn zu erziehen oder auch nur von meinen Lebensstreifzügen Anregungsgeschenke mitzubringen, von denen ich hoffte, er könne sie aufnehmen. Immer korrespondiert ein Stück eigener Neurose mit einer von ihr ausgelösten Gegenübertragungsreaktion des Therapeuten, die bestimmte ohnehin vorhandene Eigenschaften bei ihm noch verstärkt. Da ich ihm sehr viel verdanke, schadet es hier auch nichts, wenn ich ab und zu ein paar von den schmerzhaftesten Erfahrungen einfließen lasse.

Einmal kam ich voller Begeisterung von einem zweiwöchigen gruppendynamischen Training mit hochqualifizierten Gruppenanalytikern zurück, das den Grundstock für meine Ausbildung zum Gruppentherapeuten gelegt hat. Sein unvergeßlicher Kommentar war: »Sie müssen Ihre Nase auch in jeden Mist stecken!« Das war nicht nur eine intensive Kränkung; weil man sein Wohlwollen nicht verlieren will, reagiert man darauf auch mit einer Verstärkung der Oberflächenloyalität, deren Basis natürlich ein ins Unbewußte abgedrängter Groll ist, und mit einer oft langjährigen Einschränkung von Offenheit, aber auch der Annahme, daß der eigene Beitrag zur eigenen Behandlung oder zu seiner Entwicklung unerwünscht ist, ebenso wie allzuviel Autonomie und Initiative. Natürlich mag hinter dem Wunsch nach Einschränkung und eher ausschließlicher Verbindlichkeit der analytischen Beziehung eine (manchmal) sinnvolle Theorie stecken. Da ich diesen Fragen ein eigenes Kapitel widme, lasse ich es hier mit Vorbemerkungen genug sein.

Dafür lieber ein paar einfache Beispiele für vorsichtige Erziehungsprozesse. Sie laufen in der Regel und im guten Fall unbemerkt ab. Trotzdem, und gerade wenn du Zweifel hast, ob du gut aufgehoben bist, kommt dieser Frage nach der Lernfähigkeit des Therapeuten und seiner Bereitschaft, mit dir *zusammen* zu lernen, eine besondere Bedeutung zu. Es rührt nämlich an die Grundhaltung eines jeden Therapeuten, wieviel Kompetenz er dir in deiner eigenen Analyse zutraut, beläßt oder sie mit dir allmählich entwickelt. Oft weißt du wirklich nicht, was du brauchst, aber du ahnst es. In manchen Phasen kannst du sogar die Führung übernehmen, er braucht dir nur als aufmerksamer Begleiter zur Seite zu stehen. Trotzdem bin ich sehr erstaunt, wie selten die Frage an den Patienten, was er in einer schwierigen Situation wohl brauche, in meiner Ausbildung gestellt wurde. Heute entwickeln sich aus diesem fast objektiv zu nennenden Mangel an Verwendung der Eigenkompetenz des Patienten in der Analyse ganz neue Therapie-Zweige, die ihr Augenmerk sehr gezielt auf die Wiedererweckung der exkommunizierten Wünsche des Kindes, vor allem seiner Wünsche nach bestimmten Haltungen, Sätzen, Einfühlungsweisen lenken, nach dem Motto: »Laß uns zusammen herausfinden, was du damals gebraucht hättest.«

Es gehört zur Erziehung des Analytikers, daß du ihm mitteilst, wieviel von seinem Sprechen du brauchst und wieviel davon dich stört oder gar mundtot macht. Das kann er von sich aus nicht wissen. Meistens wird dir anfänglich ja eher sein Schweigen auf die Nerven gehen, was noch ein milder Ausdruck sein mag für deine Wut oder deine Verzweiflung, wenn du dem Genossen hinter oder neben dir oft nicht viel mehr entlocken kannst als sein bedeutungsschwangeres »Hm«. Sein Stillsein hat, soweit du eine klassische Neurose dein Eigentum nennst, einen guten Grund: es stellt einen freien Raum dar, in den hinein du deine Phantasien, Ängste, Vermutungen, Mitteilungen, Attacken loswerden kannst. Je früher alles angefangen hat, also je mehr ein seelisches Im-Stich-Gelassenwerden eine Rolle spielte, desto eher wirst du das Schweigen als eine unnötige, unverständliche und darum sadistische Qual erleben, als eine Wiederholung der Leere, der Interesselosigkeit, der Ablehnung.

Ein guter Analytiker spürt, ob dein eigenes Schweigen trotzig, versonnen, kämpferisch, wonnig-verschmolzen oder weggetaucht-verzweifelt ist. Wenn er es nicht spürt, kann er ja fragen. Du kommst aber manchmal in Zustände, wo du das nicht mehr sagen kannst, und wo er entweder auf Ahnungen angewiesen bist, oder auf deine Körpersprache. Auf jeden Fall: wenn sein Schweigen dich immer wieder ernsthaft verzweifelt macht, dann stimmt etwas nicht, dann hat er die Ebene, auf der du dich befindest und verstummt bist, nicht erfaßt. Mancher Therapeut hält sein Schweigen für eine korrekte Form der Abstinenz, und dabei wiederholt er an dir nur, was ihm in seiner Analyse selbst angetan worden ist. Dein Beitrag kann unterschiedlich aussehen; wenn du nicht vorziehst, verzweifelt zu resignieren, kannst du versuchen, ihm zu sagen, was du brauchst. Wenn du sehr leidest, und er sagt nur: was fällt Ihnen dazu ein, und die Sache wiederholt sich und du findest keinen Ausweg, dann hat er nicht verstanden, daß du durch Worte und Sätze ab und zu vor dem Ertrinken gerettet werden mußt. Er denkt dann vielleicht, du willst verwöhnt werden und bist im Widerstand gegen deine auftauchenden Phantasien oder Gefühle. In Wirklichkeit ist dir die innere Nahrung ausgegangen für die paar Schritte, die du, nach seiner Meinung, auf ihn zugehen solltest. Es gibt immer wieder Therapeuten, die nicht begreifen, daß manche Patienten sich auch nicht einen Schritt in ihre Richtung bewegen können, mindestens einige Zeit lang, bis sie kräftiger sind, und daß man diese Patienten als Therapeut suchen und den ersten Schritt selbst tun muß. Sie sind nie aufgefunden und entdeckt worden, ihre autonomen Schritte haben in die Irre geführt, in Lächerlichkeit, Entwertung, Ablehnung, und das hat sie erlahmen lassen. Ihre Reglosigkeit ist eine verzweifelte Form des Wartens, weil sie total auf die Fähigkeit des Anderen angewiesen sind, sie zu sehen, um überhaupt sichtbar zu werden. Falls du diesen (möglichen) Sachverhalt nicht mehr mit Worten in der Stunde mitteilen kannst, dann schreibe ihm einen Brief, wenn nötig mehrere. Damit meine ich nicht, daß du ihn regelmäßig zwischen den Stunden mit deinen Ergüssen behelligen sollst, ich spreche von Notmaßnahmen, wenn du mit deinen frühen oder eingetrockneten Kommunikationsformen scheiterst und er von sich aus die Brücke nicht findet oder dir eben, auf dem Weg der Deutung, unterstellt, du seist bockig oder feige oder mit deinen Geheimnissen beschäftigt.

Wenn dir also das Schweigen und deine Unfähigkeit, es zu durchbrechen, immer stärker ein Gefühl von Unfähigkeit vermittelt, sollte etwas geschehen. Ein Therapeut ist nicht dazu da, deine ohnehin vorhandenen Zweifel in deine Mitteilungsfähigkeit zu verstärken. Sage ihm, daß du dich immer unfähiger fühlst. Du kannst ihm auch vorschlagen, daß du, wenn es mit Worten nicht mehr geht, ein Zeichen mit der Hand machst. Einfühlsame Therapeuten, die solche Störungen erkennen, schlagen es gelegentlich auch von sich aus vor.

Falls du liegst und du erreichst ihn nicht mehr, steh notfalls auf, damit du sehen kannst, ob er noch für dich da ist. Wenn er dieses Aufstehen nicht versteht oder gereizt reagiert oder es dir verbietet, kurz, wenn er dir das Gefühl vermittelt, du habest etwas Ungewöhnliches, Verbotenes, Verabredungswidriges, ihn Störendes getan, und das wiederholt sich, oder du bist beim ersten Mal schon eingeschüchtert, dann ist etwas faul. Du hast ein Recht auf Notwehr, allerdings keines, das ihn schädigt. Du hast sogar ein Recht, deinen Experimentierraum zu erkunden.

Von verzweifelten Situationen des Schweigens einmal ganz abgesehen, kann es für dich wichtig sein, dich gelegentlich umzudrehen, aufzusetzen oder aufzustehen, etwa wenn du das Gefühl hast, daß sich die ganze Sache sowieso in einem irrealen Rahmen abspielt. Deine Aufgabe ist es, nicht gleich bei jeder Unsicherheit oder Unruhe deine Couch oder deinen Stuhl zu verlassen. Das einmal gewählte Setting aber soll kein Gefängnis sein, kein Arrangement, bei dem du dich unterwirfst und von vornherein ganze Bereiche von Wirklichkeit und Interaktion ausblenden mußt. Über die unterschwelligen Bedeutungen des Settings schreibe ich später noch mehr.

Ausgangspunkt für dieses Kapitel war dein Recht auf Erziehung des Analytikers, und sei es auch nur durch deinen Wunsch, entweder weniger oder mehr von ihm zu hören, wenn du es dringend brauchst. Die meisten Analytiker folgen oft lange Jahre dem Stil ihrer eigenen Lehrer. Es kann also durchaus sein, daß du es gar nicht mit seinem auch für ihn selbst natürlichen Stil zu tun hast, sondern mit etwas Übernommenem, und eines Tages ist er dir vielleicht sogar dankbar, wenn du ihn aus seinen Wiederholungen und Stereotypen herausholst. Bringe ihm bei, daß er dich ab und zu, wenn du nicht weiter weißt, fragst: »Was bräuchten Sie jetzt?«

Da du angenommen, anerkannt und geliebt sein möchtest, bist du zunächst unmerklich zu großer Anpassung bereit. Prüfe dich immer wieder selbst, ob der Grad deiner Anpassung dich nicht längst von manchen dir wesentlichen Eigenschaften, vor allem aber von Eigenschaften, die du erst entwickeln oder ausprobieren möchtest, abbringt. Das Gefühl, daß du es ihm recht machst oder daß du ein guter, produktiver, lernfähiger Patient bist, trägt nicht allzulange, und trotzdem kannst du viel zu lange daran festhalten. Falls du Fügsamkeit schon in ausreichendem Maße von zu Hause mitbringst, merkst du manchmal viel zu spät, daß du auch in deiner Therapie, also in einem Unternehmen, das dich von deinen überflüssigen Beengtheiten befreien könnte, nicht aufmuckst oder rebellierst, um deinen Spielraum wirklich auszutesten.

Ein paar wichtige Felder seiner Erziehung will ich noch benennen: du hast vielleicht zu Beginn der Therapie gesagt bekommen, du sollest möglichst alles aussprechen, was dir in den Sinn kommt. Das ist im Prinzip eine gute Regel, weil dir dadurch immer wieder bewußt wird, wie sehr du auswählst, zensierst, Dinge für nebensächlich oder unwichtig oder »daneben« hälst. Aber nicht jedes Verschweigen ist ein Widerstand oder ein Mißtrauen oder eine Verweigerung. So wie jedes Kind Geheimnisse braucht und hütet, um sich eines eigenen seelischen Raumes, seiner Getrenntheit und seiner Autonomie zu vergewissern, so willst du vielleicht auch erproben, ob du manche Dinge für dich behalten und allein durchdenken kannst; ob du ein Recht hast auf solche Privatheit, weil du dich früher vielleicht im Übermaß deiner Mutter oder dem Beichtvater oder sonst jemanden hast anvertrauen und ausliefern müssen und üble Erfahrungen gemacht hast mit allzu großer Vertrauensseligkeit oder erzwungener Offenheit. Ein guter Therapeut wird dir diesen Spielraum lassen, manchem mußt du es aber erst beibringen, daß du, mindestens für eine von dir bestimmte Zeit, Geheimnisse brauchst. Wenn er dich sehr bedrängt, ist etwas faul; dann hält er sich für einen schlechten Therapeuten, weil er nicht alles erfährt, oder er ist einfach neugierig, oder er hat eben *seine* Vorstellung von dem, was du preisgeben mußt, und was er vielleicht für hilfreiches Drängen oder auch nur Ermutigen hält, ist für dich längst ein Eindringen oder Überrumpeln, ein Ausüben von Druck, dem du dich aus Angst vielleicht fügst, aber um den Preis deiner Selbstachtung oder

mit versteckter Wut, die dich dann an anderer Stelle lähmt oder wirklich widerspenstig macht.
Es gibt immer wieder Therapeuten, die es nicht fassen können, daß der Patient, obwohl sie die ihnen zutreffend erscheinende Deutung gegeben haben, sich nicht verstanden fühlt. Du selbst bist vielleicht oft verzweifelt, weil es dir auch so scheint, als habest du eine gute Deutung bekommen, und doch bleibt ein Rest von Zweifel, Fremdheit, ein schaler Geschmack. Wieviel Widerspruch von dir erträgt er? Natürlich kannst du zu den Patienten gehören, die es gar nicht ertragen, daß der Bursche hinter ihnen einmal recht haben könnte, daß ihm überhaupt eine brauchbare Idee in den Sinn kommen könnte. Aber ich hoffe, du spürst es im geheimen genau, wann dein Drang nach Entwertung am Werk ist, am endlosen Widerspruch, an Mäkelei, kurz, wenn du eine Form der Übertragung eingegangen bist, wo du einfach nichts an ihm gut finden kannst. Du hast gute unbewußte Gründe dafür, und ich hoffe, er steht diese Phasen verständnisvoll und ohne gereizte Gegenwehr mit dir durch. Es kann das erste Mal in deinem Leben sein, daß du einer wichtigen Person mit voller Kraft zeigen darfst, wie tief unzufrieden und vorwurfsvoll du bist.
Wie aber, wenn sich dein Gefühl vertieft, daß wirklich von dir etwas draußen bleibt, wenn du eine Deutung oder ein Deutungsmuster akzeptierst? Kannst du mit ihm aushandeln, daß nur du allein bestimmen kannst, ob du dich verstanden fühlst? Du mußt ihn so weit bringen können, dein Gefühl des Nichtverstandenseins zu akzeptieren, ihm sogar zu trauen. Du mußt ihm sogar sagen können, daß es besser ist, zusammen verwirrt oder über die Kluft der Verständigung verzweifelt zu sein, als sie vorschnell durch eine Hypothese zu überbrücken. In einer meiner Analysen hat es Monate gedauert, bis ich dem Therapeuten klar gemacht hatte, daß mich seine Klugheit überhaupt nicht interessiere, ja, daß sie mich störe in dem Bemühen, von ihm zu nehmen, was ich brauchte. Die Erziehungsarbeit ist nur zum Teil ge-

glückt, sein Drang, brillante Deutungen zu geben und mir sein differenziertes rekonstruktives Verständnis zu beweisen, war nur teilweise zu bremsen.
Du kannst aber auch Probleme kriegen, nicht so sehr mit seiner Klugheit als mit seinem Mitteilungsdrang für Zusammenhänge überhaupt. Und wiederum sage ich: mach ihm klar, was dich stört. Wenn er nämlich nicht einschnappt, sondern deine Kraft und deinen Mut zum Ausstieg aus einer wichtigen Wiederholung und Verwechslung anerkennen kann, dann werdet ihr gemeinsam spannende Entdeckungen machen. Du hast zwar eine reale kleine oder größere Untugend an ihm wahrgenommen, aber die Schärfe deiner Wahrnehmung und der Unmut, den sie verursacht, spricht dafür, daß du dabei bist, eine frühere Person, die dir das Leben mit solchen Untugenden sauer gemacht hat, gleich mitaufzuspüren. So real und begründet jede Kritik am Therapeuten sein kann, sie enthält in den meisten Fällen eben auch Kritik an einer früheren Person. Und deshalb kannst du auch verlangen, daß dein Therapeut Kritik aushält: denn erstens kann er, falls du recht hast, sie ruhig anerkennen, und zweitens kann er dafür dankbar sein, weil du ihm den Weg weist zu einer noch verdeckten Übertragungsfigur. Wenn er das nicht längst alles weiß und es ohnehin gelassen und souverän handhabt, dann mußt du ihn eben dazu erziehen, auch deine Kritik als etwas Wertvolles zu akzeptieren. Du weißt ja, ich schreibe dies, weil nicht alle Therapeuten so großartig sind wie deiner, oder aber, weil du vielleicht noch auf der Suche bist nach dem richtigen, oder weil du vielleicht noch nicht weißt, daß du ein Recht hast, deinen Therapeuten für deine Zwecke ein Stück zu formen oder vorübergehend sogar zu verformen.
Du mußt ihm ja auch beibringen, wieviel Eigeninitiative und Autonomie du brauchst, und wieviel Initiative auf seiner Seite. Das kann sich sogar von einer Stunde zur andern ändern. Du bist, wie ich schon mehrmals gesagt habe, in therapeutischen Beziehungen meist um so mehr gefährdet, je

weiter zurück das Dunkel liegt, in dem sich deine Störung verliert. Wenn es dir an innerer Kohärenz fehlt, mußt du ihm zum Beispiel klarmachen, daß nur er durch Wiederholung, Zusammenfassung, Anschluß an die letzte Stunde deinen inneren Zusammenhang herstellen kann. Er vertraut vielleicht schon zu sehr deiner Initiative und Gestaltungskraft, und dabei gehen dir die Fäden des Zusammenhalts immer wieder verloren. Du selbst erscheinst dir dann als unwirklich, fragmentiert. Wenn du schweigst, weiß er möglicherweise nicht, daß erst ein paar zusammenfassende Sätze von seiner Seite oder die Erwähnung eines wichtigen Gefühls aus der letzten Stunde dich überhaupt im Zimmer anwesend machen.

Du hast ein Recht darauf, nicht gesteuert, nicht festgelegt, nicht einer Theorie unterworfen zu werden. Du hast in einem gewissen Umfang sogar ein Recht darauf zu erfahren, was während eurer Arbeit gefühlsmäßig in ihm vorgeht, oder, besser gesagt, welche Gefühle du in ihm weckst, auslöst, und welche deiner Gefühle du in ihn hineinverlegst, weil du sie selbst noch nicht fühlen oder noch nicht wahrhaben kannst. Das bedeutet natürlich nicht, daß du ihn dauernd mit der Frage traktierst, ob er dich auch wirklich mag. Es ist folgendes gemeint: du hast vielleicht über die wirklichen Gefühle deiner Eltern tief im Dunkeln getappt, warst oft verwirrt, hast nie begriffen, welche Reaktionen du in ihnen auslösen konntest. Und nun hast du jemanden gefunden, der sich dem, was du mit anderen Menschen ständig unbewußt anstellst, aussetzt. Natürlich kann er dir in klassischer Manier dauernd den Spiegel vorhalten, selbst undurchdringlich und unsichtbar bleiben, damit du in diesem Spiegel deiner selbst ansichtig wirst. Aber wenn es in dir noch gar nicht viel zu sehen gibt, wenn du im Spiegel vorwiegend Nebel oder verschwommene Gespenster siehst, dann ist die Spiegelhaltung, die im Grunde mit deutlich vorhandenen Konflikten in dir rechnet, Konflikten, die sich *im Spiegel* klar abzeichnen, wenig förderlich, sogar grausam. Du mußt ihm also klarmachen, daß du *seine* Gefühle brauchst, um zu lernen, was Gefühle überhaupt sind, und um deine mit seinen zu vergleichen. Du darfst ihn also ruhig ab und zu fragen: »Was fühlen Sie jetzt?«, und wenn er dir die Frage kontinuierlich zurückgibt, ohne dein tiefes Bedürfnis nach Orientierung zu verstehen, dann mußt du prüfen, ob du genug Kraft hast, *deine* Verwirrung auszuhalten und zu warten, bis sich ohne die Nahrung *seiner* Gefühle die deinen allmählich entwickeln, oder ob du die Quälerei im leeren Spiegelsaal weiter mitmachen willst. Denn dann tasten auch seine Deutungen im Leeren herum, und du fühlst dich als Versager, wenn sie in dir nichts bewirken, wenn du sie nicht behalten kannst, oder wenn sie sich in dir einnisten wie störende Dauergeräusche, deren Sinn unklar bleibt.

Es hat nicht viel Zweck, wenn du dir an ihm den Kopf einrennst und dazu noch glauben mußt, du seist ein Weltrekordler in Sachen Widerstand. Dein Widerstand ist berechtigt, wenn er die Ebene nicht findet, auf der du dich nach Wachstum und Entfaltung sehnst. Ein kaum existentes Selbst kann man mit Deutungen noch weiter schwächen und am Wachstum hindern. Es klingt zwar frech, wenn du ihm klarmachst, er solle endlich die Schnauze halten mit seiner ewigen Besserwisserei, aber dieser hingehauene Satz ist dennoch ein Prüfstein auf mehreren Ebenen: ob er versteht, daß du die Deutungen wirklich nicht brauchen kannst; ob er deine Frechheit ertragen kann, die du vielleicht noch nie riskiert hast, und ob er versteht, daß du lieber die Beziehung aufs Spiel setzt, als eine dauerhaft destruktive Erfahrung zu machen. Und: ob er gekränkt reagiert, oder ob er die Kraft hinter deiner Gegenwehr erkennt und das ja von weither mitgebrachte Bedürfnis, endlich einmal jemandem drastisch die Meinung zu sagen. Wenn er wirklich unbekömmlich für dich ist, kann »Erziehung« nur heißen: mit großem Risiko von deiner Seite aus versuchen, ob er wenigstens auf Holzhammer-Signale endlich reagiert. Du bist verantwortlich dafür, herauszufinden, ob er das für dich nötige Maß an

Lernfähigkeit besitzt. Wenn nicht, solltest du dich verabschieden, oder jemanden konsultieren.
Die Sache kann sich natürlich dadurch komplizieren, daß ihr während einiger Monate oder Jahre sehr gut zusammengearbeitet habt und du Vertrauen hast und gute Fortschritte machst. Trotzdem kommt es immer wieder vor, daß du spürst, daß er nicht geeignet ist, dich durch die ganze Breite deiner Störung zu führen. Er kann gut sein, solange du Konflikte auf einer sprachlichen Ebene mit ihm durcharbeitest. Auch wenn dein seelisches Fundament nicht sehr solide ist und eigentlich erst einmal dringender Reparatur bedürfte, kann eine Arbeit in den oberen Stockwerken sinnvoll sein. Umgekehrt kannst du bei jemandem gelandet sein, bei dem du ausreichend primäre Mütterlichkeit findest, um eine tiefe Beziehungsstörung, ein Urmißtrauen, auszukurieren. Doch die primäre Mütterlichkeit kann seine Hauptqualifikation sein, und wenn du nun wächst und in die Phasen von Abgrenzung, Selbständigkeit, Trotz, Untreue, Neugier, kurz, die frühen Flegeljahre gerätst, kann es mit seinem Verständnis, vor allem mit seiner Fähigkeit, dein Wachstum zu ertragen, weniger gut bestellt sein. So wie es Mütter gibt, die mit Säuglingen und Kleinkindern hervorragend umgehen können, sie dann aber nicht loslassen und stark werden lassen, so gibt es Therapeuten, die dich am liebsten ein paar Jahre hätscheln, wärmen und stillen würden, und Angst bekommen, wenn du anfängst zu zappeln und zu laufen. Dann kann über euch beide eine Verzweiflung hereinbrechen. Du kommst ihm undankbar vor, und er dir eng, kleinlich, lieb und klammernd. Vielleicht vermagst du ihn mitzureißen, zu erziehen, aufzuklären, vielleicht ist er aber wirklich fixiert auf eine bestimmte therapeutische Rolle, und dann wird die Arbeit schwierig, vielleicht unmöglich, und eine sinnvolle Trennung ebenso. Du bist nämlich dankbar, loyal und abhängig und spürst: entweder du mußt dich fügen, einengen, brav bleiben, oder du mußt die Bande zerreißen und ihn, um freizukommen, wirklich

sehr verletzen, ihn verraten und verlassen, trotz soviel Gutem in ihm.
Bleib nicht aus Dankbarkeit bei jemandem, von dem du spürst, er kann dich nicht weiter begleiten und dir freien Raum geben. (Und immer wieder die Mahnung: Prüf dich erst einmal selbst: *du* kannst Angst haben, kräftiger und lebendiger zu werden, *du* kannst meinen, daß du es nicht werden darfst, ohne ihn zu verletzen oder zu verlieren, und er sitzt vielleicht längst da und wartet, ob du laufen lernst, und denkt schon, er habe ein retardiertes, ewig behindertes Kind vor sich). Ich will euch ja nur ein paar Hinweise geben, wie du oder ihr beide herauskriegen könntet, ob eine Weiterarbeit, falls die Sache qualvoll oder spürbar unproduktiv geworden ist, sinnvoll ist. Es geht um *dein* Leben, nicht um ewige Wiederholung und neue Verstrickung. Falls er aber selbst an deine Loyalität appelliert, um dich zu halten, dann stimmt etwas nicht. Ein Therapeut, der es nicht fassen kann, daß du bei jemand anderem noch etwas holen mußt, das für dich bei ihm nicht erreichbar scheint, leidet an Größenwahn oder an der Unfähigkeit, sich eine Drei-Personen-Familie vorstellen zu können. Er ist in der Position einer alleinerziehenden Mutter oder eines Vaters, die das, aus welchen Gefühlen auch immer, verklären und theoretisch überhöhen.
Wenn er dich nicht durch alle Phasen gut begleiten und geleiten kann, brauchst weder du noch braucht er ein Versager zu sein, ihr seid nur an eure Grenzen gestoßen. So wie das Recht auf Scheidung inzwischen selbst in den allerchristlichsten Ländern sich durchzusetzen beginnt, so gibt es auch in der Psychotherapie das Recht auf Scheidung und einen neuen Anfang. Daß das ausufern kann zu einem leichtfertigen Davonlaufen, darf dieses Grundrecht nicht in Mißkredit bringen.
Wie lange du versuchst, eine unbekömmliche Beziehung zu retten, zu sanieren, ist deine Sache. In vielen Beziehungen lohnt ein Durchhalten und ein Sich-Zurechtstreiten. Ich

schreibe hier über das Vermeiden wirklich destruktiver und lähmender Erfahrungen. Einigemale habe ich die Trennung zu spät vollzogen, einmal bin ich selbst rausgeflogen. Die Deutungen über mangelndes Durchhaltevermögen haben jahrelang nachgehallt, einmal bin ich viel zu lange geblieben, wider bessere Intuition, weil ich das »Durchhalten-Können« mir und ihm beweisen wollte. Einige Jahre habe ich damit verbracht, mir die Wunden zu lecken, und den nächsten Therapeuten jeweils erst einmal als Hilfe bei der Rekonvaleszenz gebraucht. Ich war ja auch so dankbar, daß ich als ein reiferer Patient behandelt wurde, als ich es meiner Grundstörung nach war.

Falls mich der Fortgang des Schreibens mutig genug macht, kann ich gegen Ende des Buches vielleicht zugeben, welche Konstellation mir beim wievielten Versuch ermöglicht hat, endlich aus der Depression auszusteigen. Meine Neigung war lange, es beschämt zu verschweigen, mit wievielen Therapeuten ich gescheitert bin, trotz jubelnder Idealisierung und trotz wichtiger partieller Fortschritte. Mein seltsamer Weg des äußerst fragmentierten Gedeihens mit mehreren Analytikern hat es mit sich gebracht, daß ich mich inzwischen mit vielen therapeutischen Wassern und Abwässern gewaschen fühle und daraus jetzt den Mut ziehe, diese Überlegungen anzustellen, die manch einer als einen Übergriff, als eine Einmischung in eure inneren Angelegenheiten ansehen wird.

Genauso, wie eine Scheidung lange Zeit als sozial diskriminierend galt, so stellte eine abgebrochene Therapie bei anderen Therapeuten ganz selbstverständlich eine Hypothek, einen potentiellen Charaktermangel dar, der einen Verdacht auf Unzuverlässigkeit, wenn nicht auf mangelnde Motivation oder gar Untherapierbarkeit rechtfertigte. Heute beginnt man das anders zu sehen: der Abbruch einer unfruchtbaren oder destruktiv sich auswirkenden Therapie kann ein Zeichen von Kraft, von verzweifeltem Lebensmut sein, von Realitätssinn, Kreativität und Wachstumswillen, und eben nicht von Verwahrlosung, Konfliktunfähigkeit, Untreue oder mangelndem Durchhaltevermögen. Ich kann es nur wiederholen: ich plädiere nicht fürs Weglaufen bei den ersten Krächen, Mißhelligkeiten, Verzweiflungen, ich plädiere für berechtigte Notwehr gegen schädigende Mesalliancen.

Das ganze Buch, besonders aber dieses Kapitel verdankt zahlreiche Anregungen den vielen Gesprächen mit dem Basler Freund und Kollegen Dr. Niklaus Roth.

## *Bist du als Analyse-Patient geeignet?*

Als mein zweiter Analyseversuch nach zweieinhalb Jahren qualvoll scheiterte, meinte der Analytiker: obwohl es mir an Intelligenz nicht fehle, sei ich den Anforderungen eines so differenzierten Verfahrens wie der Psychoanalyse wohl nicht gewachsen gewesen. Ich war also den Ansprüchen der Methode nicht gerecht geworden und schmählich durchgefallen. »Nicht analysefähig.« Mit diesem Etikett auf der Stirn, einem Kainszeichen gleich, tappte ich einige unglückliche Monate durch die Gegend, wagte auch nicht mehr, nach einer Einzeltherapie zu suchen, weil ich mich für untauglich hielt, und setzte meine letzte Hoffnung auf eine Gruppentherapie, geriet dann an meinen Hauptanalytiker (»Lehrjahre auf der Couch«), der mir von Gruppentherapie abriet und der es mit einer Wochenstunde mit mir versuchen wollte. Ihn schreckte meine Vorerfahrung nicht, weil er, wie er mir später erzählte, selbst eine traumatisierende Erfahrung mit einer Therapie hinter sich hatte. Unter seiner geduldigen Begleitung bin ich später selbst Analytiker geworden. Die Dankbarkeit über die Errettung aus dem Zustand der »Verworfenheit« hat dann aber auch dazu geführt, daß ich länger bei ihm blieb, als für uns beide bekömmlich war. Mich hielt sein ungewöhnlich starkes Engagement für mich. Auch war ich den Deutungen, daß ich, als ich in großer Verzweiflung gehen wollte, nicht »durchhaltefähig« sei, nicht gewachsen. Ich blieb zu unser beider Elend. Und da wir beide mit hohem Einsatz spielten und uns in eine Unternehmung auf Gedeih und Verderb einließen, hat sich der Stacheldraht der Bindung wohl bei beiden tief eingegraben.

Da ich wirklich ein eingefleischter Katastrophenmensch war, habe ich mir nur wenig traumatische Erfahrungen erspart. Die Deutungen, daß ich dem analytischen Setting nicht gewachsen sei, beziehungsweise meine Kraft daran setze, es zu zerstören, haben mich begleitet. »Wir wollen doch schließlich Psychoanalyse machen, oder nicht!« Dabei war mir mehr nach Heilung als nach reiner Lehre zumute!

Wenn man den Anforderungen der erlauchten Methode nicht gewachsen ist, gibt es natürlich mehrere Möglichkeiten. Man kann sich trennen, bevor beide mit ihren guten Absichten scheitern und anfangen, sich elementar weh zu tun. Man könnte auch die Methode variieren und sie, soweit man dazu in der Lage ist, den Bedürfnissen des Patienten anpassen. Die Tauglichkeit des Patienten für die Methode ist eine über Jahrzehnte festgehaltene Frage gewesen, weil zur psychoanalytischen Ausbildung und zum psychoanalytischen Binnenklima häufig eine geradezu mythische Idealisierung der Standardmethode gehörte. Abweichungen werden eher geringschätzig als »Parameter«, also als für nicht so ganz intakte Patienten notwendige Abweichungen von der Idealform der Kur bezeichnet.

Das Gefühl, oder gar die Deutung, du seist der Liege-Methode nicht gewachsen, spricht nicht gegen dich, sondern gegen seinen Stand der Reife und die Breite seines methodischen Könnens. Freud hat sehr dezidiert gesagt, er könne das Angestarrt-Werden von ihm gegenübersitzenden Patienten nicht ertragen, und deshalb habe er sie hingelegt, was für viele sehr sinnvoll war. Anfangs saß er ja sogar noch so bei den Liegenden, daß sie ihn gut sehen konnten. Da das zu allerhand viktorianischen Verwicklungen führte, hat er sich endgültig nach hinten verzogen, und daraus ist, auf Gedeih und Verderb, ein Gesetz geworden.

Inzwischen gibt es eine starke Strömung innerhalb der Psychoanalyse, daß vielleicht doch die Methode an ihrer Bekömmlichkeit für den Patienten gemessen werden sollte.

Wenn du aber »biestig« bist und nicht gedeihst, und wenn das alttestamentarische Gesetz des Vorrangs der Methode noch herrscht, müssen sich die Methode und der Analytiker natürlich Kriterien für deine Untauglichkeit zusammensuchen. Wenn du Pech hast (und ich schreibe über die Pech-

Situationen), dann läufst du unter »negative therapeutische Reaktion«. Das ist kein absurder Begriff, denn es gibt manchen Patienten, der das Gedeihen lange Zeit einfach nicht verkraften kann, er ist zu selbstdestruktiv oder zu lebensunwillig oder zu sehr voll tiefer Angst vor der Selbständigkeit und Eigenverantwortlichkeit, daß er lieber beschließt, in der schlimmen Verstrickung und im Leiden zu verharren. Ich will das später noch etwas genauer untersuchen. Aber da in den Anfängen der Psychoanalyse und in den Jahrzehnten ihres strengen methodischen Reglements, das zwischen den vierziger und den sechziger Jahren vor allem in den USA zu absurden, fast unmenschlichen Abstinenz- und Sterilitätsvorschriften geführt hat, viele Patienten den Segen der so klar definierten und idealisierten Methode nicht recht fassen konnten und nicht gediehen, brauchte es eine Sammelkategorie, eine diagnostische Mülleimer-Gruppe, besser noch gesagt: einen Abfallcontainer für die verschiedenen Arten therapeutischer »Versager.« Eine davon war lange die Bezeichnung »borderline«-Fall, der allerdings seit einigen Jahren zu einer ehrenwerten und als analysierbar geltenden Spezies geworden ist. Als mich ein Patient nach zwei langen früheren Analyseversuchen nach dem ersten Jahr seiner Drittanalyse bei mir fragte, als wen ich ihn eigentlich behandelte, sagte ich in aller Unschuld, und weil er vom Fach war, für mich stehe seine »borderline«-Struktur im Vordergrund; er war so beleidigt, daß er die Arbeit abbrechen wollte. Er hatte sich früher, da er nicht aufmucken oder gar abbrechen wollte, geduldig als Zwangsneurose behandeln lassen und wollte jetzt nicht in diese »Schrott«-Kategorie des »Borderliners« abgelegt werden.

»Negative therapeutische Reaktion«: falls man dir das an den Hals hängt, seid ihr schon ziemlich weit miteinander durch bodenlosen Sumpf marschiert. Ich gehe bis zum Beweis des Gegenteils davon aus, daß jeder Patient, der regelmäßig kommt, noch Hoffnung hat, er könne gedeihen. Es kann tatsächlich die Methode falsch sein, oder der Therapeut als

Person ist in dieser Konstellation nicht bekömmlich, oder er gerät selbst in eine neurotische Verstrickung, oder er findet die Ebene nicht, auf der sich die Ängste angehen lassen. Es wäre zumindest fair zu erwägen, ob die »negative Reaktion« eine Art masochistischer oder gar sadistischer psychischer Krebs im Patienten ist, oder eben doch ein Ereignis *zwischen* den beteiligten Personen *und* den inneren Objekten. Grob geschätzt würde ich diese Diagnose in zehn Prozent der Fälle, auf die sie verwandt wird, für gerechtfertigt ansehen. Aber dann bleibt sie immer noch ein Mülleimer, und der Inhalt wartet auf weitere Forschung oder auf Wiederaufbereitung in einer besseren Anlage.

Je mehr aber eine Methode idealisiert oder gar mit einem Ausschließlichkeitsanspruch versehen wird, desto mehr braucht sie, um vor sich selbst zu bestehen, solche »Schrott«-Kategorien.

Du kannst aber auch in deiner Verzweiflung zu einem »agierenden« Patienten werden, der ebenfalls bestimmten analytischen Normen nicht gewachsen ist. Natürlich gibt es viele Patienten, die in bestimmten Phasen ihrer Therapie die unmöglichsten Dinge anstellen, weil sie den Gefühlsdruck in der Übertragung nicht aushalten können, weil sie jedes neue Gefühl, jede Angst, jede wachsende Abhängigkeit erst *draußen* mit anderen Menschen erproben müssen.

Starkes »Agieren«, soweit es das ist, kann aber auch ein Zeichen der Verzweiflung sein, weil du mit ihm nicht die richtige Ebene gefunden hast. Viele Analytiker haben gewisse Normalitätsvorstellungen, wie eine Behandlung zu verlaufen hat. Dazu gehört, daß du pünktlich kommst, dich hinlegst und dein Seelenleben in Worte faßt. Wenn du das nicht kannst, sind sie oft schon mit ihrem Latein am Ende, und du kommst in eine Schrottkategorie.

Eine weitere davon ist die sogenannte »maligne Regression.« Das heißt, du säufst ab, kriegst das Maul nicht mehr auf, hast weihnachtliche Hoffnungen auf Erlösung und sprichst, und das ist das Schäbigste an dir, auf kluge Deutungen nicht mehr an. Dann hat der Therapeut, der erwarten darf, daß du brav mitspielst, sich mit dir eine gewaltige Enttäuschung eingehandelt. Er gibt sich solche Mühe, und du säufst einfach ab in deine präverbale Verwöhnungssucht. So haben wir nicht gewettet: du hast gefälligst auf dem Teppich der Verbalisierung zu bleiben. Widrigenfalls bist du zwar nicht bösartig, doch in einer malignen *Regression.* Wahrscheinlich gehörst du dort sogar hin, bis du aufgefunden und abgeholt wirst, aber wenn das dein Therapeut nicht versteht, wirst du in eine andere Kategorie versetzt, erhältst schlechte Noten oder bist einfach nur untauglich.

Natürlich kannst du einer von denen sein, die die eigene Niederlage und die des Therapeuten lieber in Kauf nehmen, als ihm ihre Heilung oder Besserung zu verdanken. Sicher gibt es Heroen der Undankbarkeit und eines äußersten Widerstandes gegen Abhängigkeit, Urvertrauen und gemeinsames Wachstum. In der Regel aber ist »maligne Regression« eben eine Schrott-Kategorie, die der Entlastung der Therapeuten mehr dient als deiner Genesung.

Dieser Mülleimer steht übrigens sehr nahe bei einem anderen, dem des »unüberwindlichen Neides«. Die Konstellation ist natürlich unbestritten: viele Patienten neiden dem Analytiker Position, Rolle, Wissen, vermutete Macht. Das kann mehr oder weniger heftig auftreten, meistens ist dies auf bestimmte Phasen beschränkt. Wenn du zum Beispiel zu einem bestimmten Zeitpunkt selber dringend Analytiker werden willst, kann, neben vielen anderen Motiven, der Neid dir dabei helfen, diesen Wunsch als unausweichlich zu erleben. Es gibt aber auch in der Kindheit Konstellationen, die den Neid zu einem zentralen Gefühl anwachsen lassen. Den kannst du natürlich ausgiebig wiederholen in der Therapie, und er kann dir und dem Therapeuten tatsächlich durch qualvolle Zeiten hindurch den Weg zu Fortschritten verstellen. Es hilft dir aber nicht viel, wenn du immer wieder hörst: »Sie können mir den Erfolg nicht gönnen.« Du kommst dir dann ziemlich schlecht vor, und

die versteckte Seite an dir, die doch dringend hofft, aus der Sackgasse herauszufinden, fällt dabei unter den Tisch. Da hilft es nur, in geduldiger Arbeit die ursprüngliche Neidsituation zu ermitteln, in der du nicht anders konntest als vor Neid zu vergehen oder destruktiv zu werden. An dieser Dauerkonfrontation bleibt ihr mit Sicherheit stecken, obwohl es eine ganze Schule gibt, die sich von der puren Wiederholung der Neiddeutung eine Besserung verspricht. Falls du dich gerade in einem solchen beneidenswerten Clinch befindest, hilft es euch vielleicht, wenn *du* darauf drängst, daß ihr euch mit den frühen Quellen des Neides beschäftigt. In aller Regel gab es tiefe Gründe, aus denen du nicht aus der höchst leidvollen Position des Neides als Grundgefühl herausgefunden hast. Oft steht im Hintergrund eine übermächtige Mutter, der du nichts außer Gehorsam und Fügsamkeit zu geben hattest.
Auf dem Höhepunkt einer qualvollen Krise in einer meiner Analysen, als alle Neiddeutungen mich nicht unneidischer machten und ich mein Bündel packen wollte, verstieg sich der Therapeut in seiner eigenen Verzweiflung zu dem Satz: »Aber Sie wissen doch, daß ich Ihre letzte Chance bin!« Ich war so verdutzt, daß ich meine Beine nicht mehr bewegen und also auch nicht abhauen konnte. Kein Therapeut ist deine letzte Chance! Aber manch einer kann es ganz schlecht ertragen, wenn *er* dir nicht helfen kann und du anfängst, deine Hoffnung auf einen anderen zu richten.
Die eigenen leidvollen Erfahrungen stimmen mich bitter, und ich denke an die vielen Patienten, die ich kenne, die angeblich nicht analysetauglich waren und mit diesem Makel freiwilligen Abschied nehmen mußten oder an die Luft gesetzt wurden. Es gibt scheiternde Therapien und Analysen, die auch für den Analytiker so qualvoll, demütigend oder entwertend sind, daß er manchmal seine Rachebedürfnisse nicht ganz unter Kontrolle halten kann. Wenn du das spürst, mußt du dir den nachgeworfenen Deutungsdreck ja nicht bis in alle Ewigkeit zu Herzen nehmen. Es wäre das beste, du

könntest gehen, bevor du dir diese jahrelang nachwirkende Verzweiflung zuziehst.
Es kann übrigens durchaus sein, daß auch ein flexibles analytisches Verfahren dir nicht bekommt, weil du Mühe hast mit dem Verbalisieren, mit dem Nicht-Berühren, mit der Körperferne oder dem geringen lebeneinübenden Anteil der Methode. Dann brauchst du noch lange nicht zu verzweifeln. Psychoanalyse ist nicht alleinseligmachend, und es gibt eine ganze Reihe von therapeutischen Modellen, die dir besser bekommen könnten. So wie die Psychoanalytiker aus anderen Therapien ja nur die Verletzten, die Unzufriedenen oder die Quasi-Leichen zu Gesicht bekommen und entsprechend urteilen, so kriegen viele andere Therapeuten auch meist nur den Analysebeschädigten zu sehen und bilden sich danach das sie stabilisierende Vorurteil. Der kontinuierliche Austausch der Negativ-Fälle behindert seit langem den notwendigen Dialog über Indikationskriterien, richtige und sinnlose Abgrenzungen und mögliche Kooperation bei Patienten, die möglicherweise beide Formen brauchen. Falls du also nicht analysetauglich bist, bist du vielleicht tauglich für ein anderes Verfahren, du gedeihst halt in Nachbars Garten besser.

## *Bist du als Ausbildungspatient geeignet?*

Bevor sich junge Chirurgen in deinem Bauch auf die Suche nach ihrem ersten Blinddarm machen, können sie einem erfahreneren Kollegen beliebig oft zuschauen. Dann erst nehmen sie selbst die Beißzange zitternd in die Hand. Und auch dabei steht der erfahrene Kollege daneben und hilft verhüten, daß sie nicht aus Versehen statt des Blinddarms irgendeine ähnlich aussehende Drüse herausnehmen. Bei Psychotherapeuten ist das schwieriger. In der Regel gibt es zur Schulung des Nachwuchses nicht die Möglichkeit des Zuschauens, außer an den wenigen Instituten und Kliniken, wo man Gruppensitzungen oder Erstgespräche filmen oder durch einen Einwegspiegel beobachten kann. Bei fortlaufenden Einzelbehandlungen aber gibt es das kaum. Die Lehrlinge müssen also in Büchern lesen, wie man es macht, oder sie müssen nachträglich einem erfahrenen Analytiker berichten, was sie mit ihren ersten Patienten treiben. Oder sie gehen in Seminare, wo eine Gruppe von Lehrlingen sich mit Lehrern austauscht über die Abenteuer mit den ersten Patienten auf der Couch.

Zunächst mag sich das gruselig anhören; du könntest auf die Idee kommen, bei der Therapeutensuche einem totalen Anfänger auf den Leim zu gehen, der zum allerersten Mal in einer so beschädigten Menschenseele herumstochert. Das aber ist in aller Regel nicht der Fall. So wie viele ärztliche Kollegen auch als Psychiater Erfahrung im Umgang mit Patienten gesammelt haben, so arbeiten Psychologen, die Analytiker werden, ohnehin meist an therapeutischen oder beratenden Institutionen. Außerdem hat jeder, der mit Analysen anfängt, wenigstens solche, die in einer der anerkannten Vereinigungen ausgebildet werden, schon einige Jahre Einzelanalyse als Patient hinter sich und befindet sich in der Regel nach wie vor in Analyse, bevor er

den Spieß umdrehen und selber Deutungen von sich geben darf.
In den allermeisten Fällen hast du sogar Glück gehabt, wenn du als Ausbildungsfall tauglich bist und als solcher auf die Couch gelegt wirst. Statistisch gilt es sogar als gesichert, daß die ersten Patienten bei den meisten Therapeuten ganz gut gedeihen, weil das Engagement noch groß ist, weil sie sich viel Gedanken machen und über dich meist ebensoviel nachdenken wie Eltern über ihr erstes Kind. Die schreiben ja auch ganze Tagebücher voll, selbst mit Winzigkeiten. Genauso ist es, wenn du ein Ausbildungsfall bist. Was du auf der Couch produzierst, hat das Gewicht einer Welturaufführung, mindestens aber einer Premiere auf der Bühne eures Zwei-Mann-Theaters, und du kannst der Hintergrundaufmerksamkeit eines Kollegen oder einiger weiterer erfahrener Kollegen gewiß sein. Die relative Unerfahrenheit deines Therapeuten wird also reichlich aufgewogen durch seinen Lerneifer, sein Engagement und das Netz von Beratung und Kontrolle, in das er eingespannt ist.
Vor diesem Kapitel habe ich am längsten gezögert, ob ich nicht begründete Interessen verletze, beispielsweise die der jüngeren Kollegen, die sich jetzt vielleicht deinen drängenden Fragen ausgesetzt sehen, ob du ihr allerallerallererster Patient seist, usw. Sie könnten auf dem Standpunkt stehen, es sei besser, wenn du in aller Unschuld daliegst und glaubst, er gehöre seit zehn Jahren dem Betrieb an. Aber erstens machst du dir ja ohnehin deine Gedanken, wenn du gelegentlich über sein Alter nachgrübelst, und zweitens kann man über all diese Dinge, wenn sie für dich wichtig sind, ruhig reden. Jedenfalls war es aufregend, als meine erste Patientin dahinterkam, daß sie ein Ausbildungsfall war, und ich dachte: Achtung, jetzt werde ich enttarnt, sie wird beleidigt oder enttäuscht sein, und dann läuft sie mir weg. Es ist aber trotzdem ganz gut gegangen, allerdings erst, als ich darauf verzichtet hatte, mit ihrer Fallgeschichte Examen zu machen. Solange ich sie selbst sehr brauchte, gedieh sie nicht.

Wenn du als Ausbildungspatient in der Regel Glück hast, liegt es *auch* daran, daß du meist sorgfältiger diagnostiziert wirst als andere Patienten. Du durchläufst eine Art Kontrollverfahren mit dem Ziel, herauszufinden, welche Ausmaße deine Störung hat, und ob sie einem noch wenig erfahrenen Therapeuten zuzumuten ist. Denn du sollst ihn ja nicht unentwegt in Verlegenheit bringen, was auch für dich nicht gut wäre, selbst wenn du dir es manchmal wünschst. Falls du die Kontrolle gut durchläufst, hast du sozusagen eine amtlich geprüfte Neurose, die für behandelbar gehalten wird: du bist nicht von vornherein hoffnungslos, und deine Störung gilt als verstehbar, wenn nicht gar als »lehrbuchmäßig« angeordnet. Daß du dich bei den Entgleisungen deines Trieblebens nicht noch genauer an die Freudschen Kategorien gehalten hast, ist dein Pech! Es wird also wohl doch zu kleineren Abweichungen von der Standard-Technik kommen müssen. Kurz, du kannst deinen Status hinnehmen, es sei denn, du hättest *gern* eine außergewöhnliche, bisher unerforschte Störung oder eine Leidensform, deren Tiefe bisher keiner ausgelotet hat. Oder aber: du bist ein Tarnkünstler, der im Erstgespräch oder beim Rorschach-Test oder was immer mit dir gemacht wird gar nicht losgeht, und der die ganze Untersuchungsmannschaft über seine Störung im dunkeln lassen kann, weil er, genauso glaubhaft, etwas ganz anderes anbietet. Sagen wir mal: du hast zwei Neurosen oder gar zweieinhalb, und es gelingt dir, nur die harmloseste vorzuführen, dann erweist es sich erst während der Behandlung, wie bankrott du bist, und die Sache ist neu zu überdenken. In der Regel wirst du in bestimmten Phasen ohnehin annehmen, daß du viel kränker bist, als der da hinter oder vor dir es sich ausmalen kann, und er hat es nur noch nicht gemerkt, und wenn es herauskommt, wird er sagen: »Tut mir leid, wenn ich das gewußt hätte, vielen Dank, oder: nein danke, Sie können gehen.« Eine fast normale Katastrophenphantasie, geradezu hausbacken und trotzdem beängstigend.
Über einige Jahrzehnte hinweg waren die Normalitätsan-

forderungen, die an einen Ausbildungsfall gestellt wurden, so hoch, daß nur jeder zwanzigste Patient, der sich bei einer Beratungsstelle oder psychotherapeutischen Ambulanz meldete, dafür in Frage zu kommen schien. Schon die kleinste Fragmentierung, ein leicht paranoider Einschuß, eine Instabilität in den Ich-Grenzen genügten, um ihn von der Favoritenliste zu nehmen. Die jungen Kollegen, mich inbegriffen, lagen also oft monate-, manche jahrelang auf der Lauer, wann ihnen so ein kostbarer Lehrbuch-Paradiesvogel ins Netz ginge. Schließlich hat man auch höheren Orts eingesehen, daß die am Aussterben sind, und beschlossen, auch fluguntauglich gewordene Sperlinge, rückwärtsfliegende Stare und Sturzflugmeisen für analysefähig zu halten. Meist ist es ja so, daß der junge Kollege, wenn du als potentieller Ausbildungsfall akzeptiert bist, sich noch auf die Suche nach einem Supervisionsanalytiker macht, das heißt, er muß dich dort bescheiden anbieten und hoffen, daß dessen Diagnostik mit der des Erstinterview-Kreises übereinstimmt. Manchmal sagt der dann aber auch: »Ihr spinnt ja alle, merkt ihr nicht, daß der nur noch zufällig nicht auf einer geschlossenen Abteilung lebt, wie könnt ihr so einen für eine Analyse vorschlagen.« Oder er sagt: »Was soll dieser ganze neumodische Quatsch von Borderline oder narzißtischen Störungen, ihr habt in eurer modernistischen Verblendung gar nicht gemerkt, daß der eine klassische Zwangsneurose hat, die ihr mit eurer rosarot getönten Alice-Miller-Brille nur nicht mehr seht. Da er aber seine Supervision braucht, sagt er sich: o. k., vielleicht hat er ja wirklich eine Zwangsneurose, und ich bin einer der vielen grassierenden Irrlehren zum Opfer gefallen, und sieht plötzlich manches an dir in einem ganz anderen Licht.

Als echter Katastrophenmensch habe ich nicht nur als Therapeut, sondern auch in diesem Bereich der Tauglichkeit als Ausbildungsfall schmerzhafte Erfahrungen gesammelt. Obwohl ich dreieinhalb fruchtlose, bzw. qualvolle Analysejahre bereits hinter mir hatte, wurde ich eines Tages in einer anderen Stadt, da die dort wie die Luchse nach geeigneten Fällen auf der Lauer lagen, zum Ausbildungsfall gekürt. Diagnose, aus institutioneller Not geboren: normale, lehrbuchnahe Depression. Ich wurde einer hübschen jungen Frau überreicht, die genauso tapfer wie ich ihrem dreißigsten Geburtstag entgegenstrebte. Da ich mich sowieso für verloren, nicht analysefähig und im wesentlichen unbrauchbar hielt, war ich froh, daß man mich so freundlich als durchaus nicht hoffnungslos einstufte, und überließ mich aufatmend meiner *spontan* einsetzenden Verliebtheit auf der Couch. Aus vielen Gründen kriegte die Behandlung dann etwas für beide schmerzhaft *Ruckartiges,* bis sie mich nach einem halben Jahr huldvoll, aber auch voller Grausen vor die Tür setzte. Heute ist mir klar, daß diese Zuweisung an sie ein Betriebsunfall in einer nach geeigneten Fällen ausgehungerten Ausbildungsinstitution war. Trotzdem versuchte ich zunächst, die üblichen Standard-Deutungen dankbar zu meinem Heil zu verwenden, bis ich spürte, wie ich immer mehr gekränkt, mißtrauisch und sehr aggressiv wurde. An *ruckartigen* Veränderungen in Stimme und Technik kriegte ich allmählich heraus, wann sie gerade wieder in Supervision gewesen war. Es wurden dann sozusagen andere Saiten aufgezogen, um die Sache wieder in den Griff zu bekommen. Ich spürte, wie ich gewissen Kriterien genügen sollte, oder wie schlimm es für sie war, wenn ich unerwartete Reaktionen zeigte. Auch wurde ich zunehmend wütend, in welch merkwürdige Situation uns die Institution gebracht hatte, hielt aber auch eisern an meiner Hoffnung und an einer idealisierenden Zuneigung fest. In meiner Verzweiflung versuchte ich mit der beratenden Person im Hintergrund in Kontakt zu kommen, was natürlich unstatthaft ist, ich tat es aber durchaus noch in der Hoffnung, die Angelegenheit zu retten, galt von da an jedoch als unmöglicher, *agierender* Patient. Es war sicher sinnvoll von ihr, die Behandlung zu beenden. Schwierig zu verdauen war dann allerdings die Auskunft des Oberarztes, daß ich doch wohl verstehen würde, daß ich auch bei anderen, erfahreneren Therapeuten der Institution keine Chance auf einen Behandlungsplatz mehr hätte. Ich bekam kräftige Psychopharmaka mit auf den Lebensweg und war meinem zerstörerischen Wesen überlassen. Danach eben dachte ich, eine letzte Chance könnte Gruppentherapie sein.

Die Moral von dieser und anderen Geschichten:

Es kann sich tatsächlich erweisen, daß der junge Therapeut mit dir überfordert ist, wenn deine Störung und Vorgeschichte nicht sorgfältig genug überprüft worden sind. In der Regel wird das aber in vielen Fällen aufgrund wohlwollender und einfühlender Supervision noch hinzubiegen sein.

Schwieriger ist es, und hier liegen die für die Ausbildungsfall-Situation eher spezifischen destruktiven Möglichkeiten, wenn sich Therapeut und Supervisor nicht sehr mögen, nicht gut kooperieren, im Grunde verschiedene Theorieansätze haben, oder wenn die Beziehung, egal, an welcher Seite es liegt, allzusehr ins Pädagogische gerät, anders ausgedrückt, wenn dein Therapeut die Supervision so erlebt, als mache man ihm dauernd Vorschriften, als kritisiere man ihn dauernd, oder als könne er nicht seinen persönlichen Stil, seine Intuition und sein Wissen mit dem des Supervisors gewinnbringend verbinden. Er bekommt dann das Gefühl, er müsse an dir einen bestimmten erwarteten oder vom Supervisor eben für gut gehaltenen Stil erproben. Er sitzt dann in der Zwickmühle zwischen dir und dem Supervisor, und ganz dumpf und untergründig erlebst du vielleicht rasch wechselnde Stile, Deutungsebenen, unvermutete Töne, rigidere Haltungen, rechthaberisches Nachhaken oder einfach drängendes Erstaunen, wenn du dich nicht so entwickelst, wie die Person im Hintergrund es eigentlich erwartet. Bei einer günstig laufenden Supervision ist es so, wie wenn gute Freunde oder auch die mehr oder weniger entfernt wohnenden Eltern gelegentlich gute Ratschläge geben bei der Erziehung des ersten oder der ersten Kinder, die Unsicherheiten der jungen Eltern verstehen, ihnen erlauben, sich mal auszuweinen oder auszuschimpfen, oder ihnen, wenn Not am Mann ist, die

Kinder sogar einmal abnehmen und sie hüten. Das letztere ist nicht wörtlich gemeint in unserem Fall, sondern bezieht sich eher auf die Last der Verantwortung und die drückenden Gefühle, die gelegentlich entstehen können in anstrengenden Therapien. Der Supervisor trägt sozusagen die Unsicherheiten und Nöte beider Seiten mit und kann, ohne daß du es auf der Couch merkst, ausgleichen, anregen, ins Stocken geratene Verhältnisse wieder in Bewegung bringen oder Fehlentwicklungen sanft korrigieren.

Wenn die Supervision nicht so gut geht, kann der junge Therapeut es so erleben, als gehe es ihm mit dir wie einer ledigen Mutter, die wieder bei den Eltern wohnt und sich ständig kritisch, vorwurfsvoll oder auch nur freundlich-besserwisserisch dreinreden lassen muß. Daß diese Konstellation entsteht, kann natürlich an beiden Seiten liegen, es gibt junge Therapeuten, die Ratschläge überhaupt nicht gut vertragen, und es gibt Supervisoren, die ihre Aufgabe eher dozierend-kritisch verstehen. Jedenfalls, dein Therapeut kann sehr in der Klemme sein, und du bekommst seine Unsicherheit und die wechselnden Einflüsse, die auf ihn einstürmen, untergründig zu spüren. Er muß mit dir etwas beweisen, anderen oder sich selbst. Du bist also eine Art Beweisstück, ein Zustand, bei dem etwas auf dich abgewälzt werden kann, was dir gar nicht gut bekommt. Im noch schlimmeren Fall wirst du zum Zankapfel, auf dessen Kosten Theoriekämpfe oder Dressurakte ausgetragen werden. Am schlimmsten ist es, wenn Mißverständnisse bestehen über die Art und Ebene deiner Störung, zum Beispiel, wenn dein Therapeut ahnt, daß du in einer Phase bist, wo du Deutungen gar nicht gut gebrauchen kannst, ihm aber wird geraten, dir dies als Widerstand zu deuten. Ganz so kraß ist es nur in seltenen Fällen, doch sie kommen vor. Auf jeden Fall kommt es gelegentlich, trotz bester Absichten, zu Konflikten, die sich lähmend oder aufreizend auswirken können. Am ehesten merkst du es daran, daß es nicht viel Ruhe gibt, keine klare Ebene der Beziehung oder viel Streit.

Natürlich kannst du nun dieses Wissen, das ich dir hier ausplaudere, schnurstracks verwenden, um deinen Therapeuten höhnisch oder entwertend in Schwierigkeiten zu bringen. Meistens läßt sich die Lage aber wohlwollend und sogar mit wachsender Solidarität besprechen, obwohl du natürlich und mit Recht auch in neue Konfliktlagen gerätst, wenn du weißt, daß deine Großmutter oder ein Großonkel im Hintergrund noch mitredet. Wenn die Lage schwierig und verzweifelt wird, könnte dir aber auch eine gewisse Großzügigkeit nützen, wenn du akzeptierst, daß dein Therapeut auch nicht in einer beneidenswerten Lage ist, wenn er einen schleichenden Krach hat mit seinen Altvordern. Es gilt nur herauszufinden, ab wann die Sache für dich so unbekömmlich wird, daß es Zeit wird, dich zu schützen. Manche Patienten, die intuitiv erfassen, daß der Therapeut in gewisser Weise von ihnen abhängt, weil der gute Gang der Behandlung ihn beruflich weiterbringt, verwenden dies von sich aus in destruktiver Weise, oder aber sie idealisieren und überschätzen ihren Anteil und kommen sich vor wie ein Goldbergwerk, das der Therapeut vorwiegend zu seinem Nutzen ausbeutet.

Ich wiederhole es noch einmal: in der Regel hast du Grund, zufrieden zu sein mit deiner Lage, weil sie mehr Vor- als Nachteile enthält. Wenn du die Behandlung vorzeitig abbrichst, entsteht dem Analytiker tatsächlich in gewisser Weise ein Schaden, weil er dann mit einem neuen Patienten, neben seinen anderen Ausbildungsfällen, neu beginnen muß. Das ist natürlich sein Berufsrisiko. Doch wenn eine Behandlung wackelt, wenn du zunehmend das Gefühl hast, sie tut dir nicht gut, dann gibt es auch von seiner Seite größere Loslösungsprobleme als im Normalfall, weil er dich in gewissem Sinne auch braucht. Dies kann dazu führen, daß er dich halten will, selbst wenn er sich auch nicht sehr glücklich oder mindestens *wohl*fühlt mit dieser Behandlung. Das wird er natürlich meist nicht offen sagen, sondern es kann in die Deutungsrichtung eingehen: er kann dir das Weggehenwollen als bloßen Widerstand klarmachen wollen, er kann an deinem Mut, deinem Durchhaltevermögen zweifeln, oder aber die Analyse zentriert sich überhaupt auf das Thema Bleiben, Loyalität, Flucht, Ausweichen, Angst, Trotz usw., ohne daß dies natürlicherweise so stark im Vordergrund stehen sollte. Wenn er nicht wirklich akzeptieren kann, daß du auch die Freiheit hast zu gehen, geratet ihr ohnehin ins Dikkicht. Vielleicht willst du das auch nur ausprobieren, weil du früher selbst wenig Bewegungsspielraum hattest. Junge Eltern fühlen sich leichter in Verwirrung, wenn das erste Kind heftige Selbständigkeitsbewegungen macht. Falls er, und so etwas läuft vollkommen unterirdisch, in der stillen Angst lebt: »Hoffentlich läuft er mir nicht weg!«, dann gibt es auch von seiner Seite subtile Weisen der Anklammerung, der Vorsicht, der Risikoscheu oder der Überbehütung, Dinge, auf die du vielleicht mit um so stärkeren Bewegungen antwortest. Es hat keinen Sinn, aus bewußter oder auch erst halbbewußter Loyalität zu bleiben, damit *er* keinen Schaden erleidet. Es geht um dein Leben, und auch ihm bleibt ein langer bitterer Nachgeschmack zurück, wenn er zwar mit dir durchs Examen gekommen ist, aber doch das Gefühl hat, dir nicht wirklich genutzt oder den für dich richtigen Stil gefunden zu haben. »Examen bestanden, Patient angeschlagen!« ist leider doch immer wieder eine Variante dieses Problems der Ausbildung.

Ihr könnt, wenn ihr euch schätzt und mögt, viele Unsicherheiten gut zusammen überstehen, du kannst ihn noch prägen, es ist noch mehr ein gemeinsames Abenteuer, ihr braucht manchmal eine Menge Humor, wenn ihr euch verlaufen habt ihm Dschungel deiner Neurose und seiner Unsicherheit, und du bist vielleicht dankbar, wenn er jemanden hat, der auf ihn wohlwollend aufpaßt, damit du ihn nicht vom rechten Weg abbringst, was du ja ab und zu gerne möchtest. Denn das Ziel ist noch weit weg und du denkst: wieso soll ich denn eigentlich gesund werden, wenn ich mitten im Urwald mit ihm eine kleine Lichtung roden und eine

nette Familie gründen könnte, oder eine kultivierte, das verdammte therapeutische Gefälle einebnende Freundschaft einleiten. Die Person im Hintergrund wacht darüber, daß er mit dir sein schwieriges Handwerk ordentlich ausübt (bei aller fühlbaren menschlichen Beteiligung), aber seine schöne Seele und seine sonstigen Sehnsüchte anderswo pflegt und befriedigt, selbst wenn du ihn anhimmelst und anschwärmst und ihm die Linderung aller seiner Leiden anbietest.
In den meisten Neurosen gibt es eine Schicht, auf der Verachtung, Hohn, Spott, Entwertung, Vorwürfe und Unzufriedenheit eine Rolle spielen. Auch bei dir kann es eines Tages losgehen, vielleicht erst heimlich, still und leise, später stürmisch und rüttelnd, wenn nämlich aus der Tiefe jene Seiten hochkommen, die du früher oft selbst nicht spüren durftest: daß du deine Eltern oder andere Familienmitglieder oder wichtige Lehrer manchmal auch tief verachtet hast oder dich durch Entwertung retten wolltest. Eine saftige Verachtungsthematik vertragen oft auch gestandene Analytiker nicht, sondern kommen ins Argumentieren, reagieren gekränkt, betonen ihren Wert, vielleicht sogar ihre Überlegenheit gegenüber dem Patienten und vergessen vor Betroffenheit, daß sie der Übertragung nachspüren sollten, statt um sich zu schlagen. Noch viel schwieriger ist es oft für einen jüngeren Therapeuten, kübelweise Hohn und Entwertung zu ertragen. Er muß sie aber ertragen können, weil du sonst nicht wirklich gesund wirst, und er muß mit dir zu den Ursprüngen gehen, wo du diese Gefühle gebraucht hast, um zu überleben. Du kannst natürlich objektiv recht haben, wenn du an seiner Kompetenz zweifelst, aber weit eher ist es die schneidige Wiederholung eines frühen Vorwurfs und Zweifels.
Es kommt nicht so sehr darauf an, daß er schon alles weiß und dir in jedem Augenblick gewachsen ist. Es kommt darauf an, ob er mit dir zusammen Kompetenz erwerben kann und Krisen durchsteht, ohne daß du das Gefühl hast, du richtest Schaden an, fängst an, wichtige Seiten an dir zu ver-

stecken, gibst klein bei, schonst ihn, oder wirst zurechtgewiesen, wie ein Widerstandskämpfer verfolgt und der Widerborstigkeit angeklagt. Du mußt wirklich herausfinden, ob du deine Neurose entfalten, ob du ihm ihre Wucht und Absonderlichkeit zumuten kannst, und ob er Kritik, Zweifel, Mißtrauen, Entwertung, Verachtung usw. auch als Lebensäußerungen von dir sehen kann, die aus bitteren Zeiten stammen, die du eben gelernt hast, und an denen du ihn jetzt wieder prüfst, um zu sehen, ob er mit dir »dahinter«-kommt.

Aber wenn es über lange Monate hin quälend ist, wenn du spürst, du ziehst dich von ganzen Konfliktfeldern zurück, du findest einfach keine richtige Lage auf der Couch und dein Selbstwertgefühl schrumpft, oder du fängst an, an deiner Wahrnehmungsfähigkeit tief und dauerhaft zu zweifeln, oder an seiner, dann kann es eben doch sein, du bist dem Falschen zugewiesen worden, oder er hat sich mit dir nicht den Richtigen ausgesucht. Immer wieder spüren einige junge Kollegen erst im Verlauf ihrer ersten Analysen, daß sie für den Beruf gar nicht geeignet sind, oder daß sie ihn nicht so anziehend finden, wie sie es sich erhofft haben. Es liegt an dir, wie lange du in so einer verklemmten Lage ausharren willst. Wenn du *Glück* hast, kriegst du auf Fragen eine Antwort, weil man es sich ja wünschen sollte, daß solche notwendigen Trennungen auch gütlich erfolgen können, was in der Regel leider nicht der Fall ist. Fragen also etwa wie: »Stehen Sie noch zu unserer Behandlung?«, oder »Ist es nur mein Zweifel, der mich beunruhigt?« oder »Finden Sie nicht, daß wir vielleicht nicht gut zusammenpassen?« Ach, ich versuche Auswege aus einem oft unvermeidlichen Elend zu finden. Was heißt schon einverständliche Scheidung, das ist ja ein Ergebnis langer Zweifel und Kräche und setzt immer noch einen gewissen Respekt voreinander voraus. Du kannst dir aber wenigstens sagen, daß es mit einem jungen Therapeuten in Ausbildung, wenn es schief geht, einige spezifische Gründe geben kann, die dazu führen, und daß es nicht ausschließlich an dir liegt, und daß er wahrscheinlich Patienten finden wird, mit denen er und die mit ihm gedeihen, und daß du nicht die *Urkatastrophe* anrichtest, wenn du ihn eines Tages in deiner Verzweiflung sitzen läßt, daß es aber auch für dich nicht die Urkatastrophe ist, falls er dich eines Tages hinauskomplimentiert, wenn er mit dir nicht zurechtkommt oder du ihm über den Kopf wächst. Du *darfst* den Gedanken denken, daß jemand mit dir überfordert sein kann, ohne daß es dich umhaut. Und du darfst den Gedanken denken, daß du es nicht ertragen kannst, wenn jemand mit deiner Behandlung noch andere Zwecke verfolgt. Die meisten können das gut akzeptieren, aber es könnte zu deiner Geschichte und Neurose gehören, wenn du das nicht erträgst. Du hast Anspruch auf eine angemessen gute Behandlung, und wenn sie dir aufgrund von Faktoren, die möglicherweise mit der Ausbildungssituation in Zusammenhang stehen, nicht gegeben scheint, dann hau ab. Aber täusche dich nicht. Das will geduldig überprüft sein, denn auch hier narrt dich zuerst einmal deine eigene Störung, und bis du unterscheiden kannst, was Übertragung, Wiederholung, Inszenierung auf der einen und unbekömmliche seelische, von ihm bestimmte Realität ist, vergehen mindestens ein paar Monate. Wahrscheinlich brauchst du keine Koryphäe, um zu genesen, sondern einfach jemanden, der sich mit dir und mit dem du dich zurechtfindest. Wenn es aber nicht geht, dann bleib auch nicht aus Liebe, oder um sein Bild für ihn und dich um jeden Preis zu retten.

# *Die heilige Kuh des Settings*

Kühe sind liebenswerte und nützliche Tiere und dem Menschen durch allerlei wichtige Eigenschaften äußerst dienlich. Sie haben bestimmte, sehr zuverlässige Gewohnheiten, und wenn man sie regelmäßig füttert, mistet und sie freundlich behandelt, geben sie Milch, Butter, Käse, Kälber, Fleisch, Knochen und Leder für Schultaschen, ja sogar für elegante Bezüge gehobener, wenn auch konventionell konstruierter Analyse-Couchen.

Erst wenn man sie, trotz allgemeiner Hungersnot, für heilig erklärt, verwirrt sich die Lehre von ihrer Nützlichkeit. Dann sieht man sie inmitten ausgemergelter oder gar sterbender Menschen herumtrotten und teilnahmslos das Elend um sie herum betrachten. Wer aber die Idee hegt, sie als weniger sakrosankt behandeln zu wollen, bekommt es mit gereizten Oberpriestern zu tun und mit dem Zorn des einfachen Volkes, das den Zusammenhang zwischen seiner Not und der Heiligkeit der Kühe nicht sieht, sondern sie durch sie gerade überhöht und geweiht erlebt.

Das psychoanalytische Setting mit der Couch, dem unsichtbar dahinter sitzenden Therapeuten und dem zum freien Assoziieren und dem Entwickeln der Übertragungsneurose flachgelegten Patienten hat, falls die beiden Personen mit ihren Fähigkeiten und Störungen zusammenpassen, eine ähnlich breite Bekömmlichkeit wie die zwar hochgeachtete, aber nicht für heilig erklärte Kuh in einem landwirtschaftlichen Setting. Kühe müssen zuverlässig und regelmäßig gefüttert werden, sonst brüllen sie und magern ab. Sie wollen den gleichen Platz im Stall, brauchen beim Melken beruhigende Worte. Wie das Füttern verlangt auch das Melken Regelmäßigkeit, verbunden mit vertrauten Handgriffen und Lauten. Werden sie die Milch ihrer Zuneigung nicht los, so brüllen sie auch und bekommen schizoide Augen, trauen ihrem ei-

genen Bauern nicht mehr, werden bösartig, schlagen aus oder treten den Melkeimer weg.
Dann geht die Landwirtschaft schief, und es gibt weder Käse noch Kälber.
Die Zuverlässigkeit, Regelmäßigkeit und Berechenbarkeit des analytischen Settings hat mehrere wichtige Bedeutungen. Sie gelten in abgewandelter Form auch für eine Psychotherapie im Sitzen. Erst in der Konstanz des äußeren Rahmens ergibt sich ein Halt inmitten der Verwirrungen und der Gefühlsstürme. Die Zuverlässigkeit des Rahmens erlaubt erst genauere Beobachtungen der oft schwer zu entschlüsselnden Neurose und ermutigt dich als Patienten zum jeweils nächsten Schritt in ein seelisches Gelände, das dir unwegsam, fremd und oft bedrohlich erscheint. Du weißt oder lernst allmählich, wo die Halteseile gespannt sind, du lernst die Reaktionen des Therapeuten kennen, erlebst Vertrautes und dann immer wieder die Überraschungen, die dich ein Stück weiterbringen. Auf der Basis der zuverlässigen Äußerlichkeiten, die aber allmählich eine tief symbolische Bedeutung annehmen, kannst du in die Gefilde von Konflikten vorstoßen, wo dir jedes Vertrauen in Zuverlässigkeit, Bekömmlichkeit, Berechenbarkeit, Freundlichkeit und Verstandenwerden fehlt. Du weißt in aller Regel deine sicheren Stundentermine, du weißt, wie lange Zeit er dir zur Verfügung steht, du hast deinen sicheren Platz auf der Couch oder im Sessel; du weißt, wieviel du zu bezahlen hast, meist weißt du rechtzeitig, wann er in Ferien fährt oder verhindert ist; du hast Spielregeln für dein eigenes Verhalten, deren bedeutendste wohl ist, daß du versuchen sollst, deine Empfindungen allmählich in Worte zu fassen und mit deinen Einfällen und Gefühlen nicht hinter dem Berg zu halten. Auch wenn du sehr verzweifelt bist, kann dir die Gewißheit der Wiederholung, der Regelmäßigkeit, der Geduld, kurz, eines festen Rahmens bei der Entzifferung deines Seelenlebens noch Trost, Zuversicht und Halt geben. Das alles brauche ich den meisten gar nicht erst zu wiederholen, oft ist es über-

gegangen in den Hintergrundsbereich des Selbstverständlichen.
Und wenn alles gut funktioniert, kannst du dich auch ruhig von dem tragen lassen, was Winnicott die »holding-function« des Settings genannt hat: die Couch und die erwähnten zuverlässigen Dinge können zum Symbol des Gehaltenwerdens sich wandeln, zur Gewißheit, daß du mit keinem deiner Gefühle »aus dem Rahmen fällst«.
An zwei wichtigen Punkten kann meines Erachtens, auch meiner Erfahrung nach, das Setting Gefahren bergen, vor allem, wenn es verabsolutiert oder so idealisiert wird, daß seine Mängel oder seine Unbekömmlichkeit in bestimmten Phasen oder Konfliktlagen gar nicht mehr wahrgenommen werden oder wahrgenommen werden dürfen. Von außen gesehen könnte man dann sagen: das Setting ist beiden Partnern gleichsam auferlegt oder übergestülpt und wird zu einem Gefängnis, dessen Schlüssel beide nicht mehr finden können.
Der erste Punkt bezieht sich auf die Gefahr, daß du das Setting vorübergehend gar nicht mehr nutzen kannst, weil du seinen Anforderungen tatsächlich, und ohne daß dies etwas über deine Chancen als Patient aussagte, nicht mehr gewachsen bist. Es kann sein, daß du einfach nicht mehr ausdrücken kannst, was in dir vorgeht, oder daß dir der an sich sichere Rahmen auch nicht mehr als sicher genug erscheint. Über manche dieser Gefahrensituationen habe ich schon einiges geschrieben. Es gibt bei vielen Psychotherapeuten eine enorme geheime oder auch offene Idealisierung der analytischen Situation, die mit technischen Varianten gar nicht mehr rechnen darf, weil das höchste Ziel ist, eben einfach alles oder wenigstens fast alles innerhalb des konventionellen Settings abhandeln oder durcharbeiten zu können. Der geheime Glaube nimmt oft die Form an, daß der Therapeut in Zeiten der Anfechtung denkt: Dies kann ich vielleicht noch nicht gut, aber ich werde es ganz bestimmt eines Tages können, vielleicht in fünf, vielleicht in zehn Jahren,

oder wenn ich so weise und abgeklärt bin wie meine bewunderten Lehrer. Er empfindet dann zwar selbst ein Unbehagen über das, was er leistet, versteht, ausrichten kann, behält aber gleich einem immer wieder ins fast Unendliche hinausgerückten Leitstern im Auge: eines Tages werde ich die uns von Freud oder anderen anvertraute Ursituation der Analyse doch noch so handhaben können, wie es meinem geheimen Ideal entspricht. Bevor er sich also, sicher nicht leichtfertig, nach Varianten umsieht, die dir oder euch in schwierigen Situationen vielleicht den steinigen Weg vorübergehend leichter machen könnten, bevor er zugibt, daß er an der Methode des Deutens oder der Widerstandsanalyse oder des Liegens oder der weitgehenden Nicht-Einbeziehung des Körpers zweifelt, wird er die Idealisierung des Settings steigern und manchmal auch die Schwere eures gemeinsamen Weges zu feiern beginnen, gerade so, als ob das fühlbare Elend eurer Beziehung, wenn ihr in einen der tiefen und schmerzlichen Clinchs geraten seid, ein Gütesiegel eurer Unternehmung sei. Ich rede hier nicht einem methodischen Hin und Her das Wort, sondern suche sehr tastend nach Bildern für ausgesprochen unglückliche und oft sehr lange ohne Sinn und Ergebnis durchgehaltene Situationen, in denen das Setting nicht mehr ein positiver, sondern eher eine Art negativer Halt wird, ein Gerüst der Anklammerung; ein Gitterkäfig, aus dem sich das Leben allmählich entfernt, um Platz zu machen für den Einzug des Rituals, der Routine, der Ausblendung und der Ausklammerung. Dabei ist alles immer noch getragen von der immer absurder werdenden Hoffnung, daß sich der von Freud oder den Lehrern verheißene Sinn des Settings, wenn man es nur streng einhält und an seine Unerschütterbarkeit glaubt, erfüllt. Dieser erste Punkt mündet hier in die vielen bereits angeschnittenen Fragen der allgemeinen Bekömmlichkeit von Psychoanalyse und der Bekömmlichkeit *deines* Analytikers für dich.

Den zweiten wichtigen Punkt habe ich bis jetzt noch kaum

gestreift. Er betrifft all das, was das nicht hinterfragte Setting symbolisch bedeuten kann als nicht durchschaute Wiederholung früher Familien- oder Beziehungssituationen.
Ein Beispiel, das sich auf eine Analyse im Liegen bezieht: es gibt Familien, in denen es zwischen einzelnen Familienmitgliedern, oder zwischen allen, so gut wie keinen Augenkontakt gibt, jedenfalls keinen, bei dem die Augen, verbunden mit Gefühlen, auch nur für kurze Momente sich begegnen oder gar ineinander ruhen. Irgend etwas muß gemeinsam vermieden werden, sei es erlebte Nähe, Innigkeit, Verschmelzung, oder auch Wut, klare Distanz, oder auch nur Orientierung über sich und den andern mit Hilfe der Augen. Meistens sind dann nicht nur die Augen »außer Betrieb«, sondern die Gesichter sind unbelebt und starr, außer bei unvorhergesehenen Gefühlsausbrüchen, die aber eher als zu vertuschende oder wieder zu vergessende Ausrutscher oder Katastrophen oder eben typische Durchbrüche eines einzelnen, dafür sozusagen beauftragten Mitgliedes gelten. Dieses Fehlen des Augenkontaktes, der Fähigkeit, sich wirklich anzuschauen, bringt es oft auch mit sich, daß die Personen nie wirklich genau wissen, woran sie beim andern oder auch bei sich selber sind. Dem Zusammenleben fehlt eine Dimension der Vergewisserung, des wirklichen Subjekt-Seins, des emotionalen Einverständnisses.
Dies alles kann sich in einer Analyse perfekt und undurchschaut wiederholen, so daß sich für dich, falls du in dieser Lage bist, auch in der wichtigen Beziehung zum Analytiker die Gewißheit hält oder verstärkt, daß Menschen, die sich lieben oder hassen, sich nicht anschauen, weil Anschauen zu viel bedrohliche Nähe oder Haß ans Licht brächte; oder weil es einfach unüblich oder gar unanständig ist, Gefühle auch in Blicke zu fassen und sie auf die Ebene der Wirklichkeit zu holen, die sich manchmal erst in der Anschaulichkeit einstellt. Da in diesem Fall das analytische Setting ein Grundsymptom der Familie, oder auch nur von dir, direkt wiederholt, das Symptom sich also in die Analyse ein-

schleicht und dort nicht als Symptom erkennbar wird, sondern als die selbstverständliche Realität des Settings gilt, bleibst du in einer schizoiden tieferen Unwirklichkeit der Gefühle befangen, eine Unwirklichkeit, die weit tiefer geht als die von Freud durchaus gewollte Künstlichkeit in der Beziehung zwischen Patient und Analytiker. Er ging nämlich davon aus, daß du *wirkliche* Gefühle und Konflikte bereits in die Analyse mitbringst und sie dort erneut inszenieren kannst. Wenn du aber in einer Atmosphäre der Unwirklichkeit oder der Unüberprüfbarkeit der Gefühle aufgewachsen bist, oder sie später oder auch schon als Kind selbst gebraucht hast, um dich vor deinen Gefühlen oder die Familie vor deinen Phantasien zu schützen, dann bleibt die Analyse eine Geisterbegegnung, deren Abgründe zwar durch Wort- und Satzbrücken, auch durch vielerlei Einsichten scheinbar überwunden werden. Aber ihr findet nicht zu einer überprüfbaren Wirklichkeit der Gefühle.

Es gibt zwar zu Beginn und am Ende der Stunde immer die kurze Chance der Begrüßung und Verabschiedung, bei denen die Augen und die Bewegungen des Gesichts, auch der Körperhaltung beim Gehen, beim Aufeinander-zu-Gehen und beim Sich-Entfernen eine Rolle spielen, aber ob sie ausreichen, um die tiefe Halbwirklichkeit deiner Gefühle zu entdecken, ist ungewiß. Es hängt ganz und gar von der Schulung deines Therapeuten ab, von seiner Fähigkeit, dich auf dein Wegschauen, auf das kurze Aufleuchten des Hasses, auf deine Mini-Verlegenheit, ein winziges Erröten usw. anzusprechen. Längst nicht alle können oder tun das, sie fangen mit dem Analysieren einfach erst an, auch mit dem Wahrnehmen, wenn sie sich hinter der Couch eingerichtet haben, und du bist natürlich froh, daß diese Dinge, die dir so viel innere Aufregung machen würden, und wo du dich so unsicher fühlst, unbeachtet bleiben.

Falls du dir noch ausreichend Neugier, Mißtrauen oder kindhaftes Liebesbedürfnis bewahrt hast, drehst du dich natürlich eines Tages um auf der Couch; du kannst ja schon an deinem Herzklopfen, auch an dem wochenlangen Anlauf, spüren, wie heikel die Angelegenheit ist, und ein einziges uneinladend klingendes Wort des Analytikers kann dir diese »Unart« des Umdrehens rasch wieder verleiden. Du sollst dann darüber sprechen oder Einfälle haben. Ihr seid dann zu den bloßen Wortbrücken zurückgekehrt und richtet euch erneut ein in der schizoiden Wiederholung des Altvertrauten.

Wenn du Kraft genug hast, durchbrichst du die wenig freundliche Deutung und beharrst darauf, daß irgend etwas dich drängt, sein Gesicht oder seine Augen zu sehen, und wenn ihr Glück habt, stoßt ihr dann auch auf die leblosen Leerräume zwischen dir und deinen Angehörigen. Manche Analytiker, die vorwiegend Analysen ohne Blickkontakt machen, haben oft selbst Angst vor der Direktheit des Blicks. Freud selbst hatte wohl nicht Angst, aber immerhin hat er deutlich genug ausgedrückt, daß er das stundenlange Angestarrtwerden schlecht vertrage, und daraus ist eine Rechtfertigung für ganze Analytikergenerationen geworden.

Ein anderes Beispiel: du befindest dich in einer Therapie im Sitzen, sagen wir: mit zwei Stunden pro Woche. Du findest die Stühle meist am gleichen Platz, es besteht räumlich vielleicht gar keine andere Möglichkeit, möglicherweise steht sogar ein Tisch schützend zwischen euch. Du nimmst selbstverständlich an, daß die Anordnung der Stühle zu den Ritualen des Settings gehört, und dies kann in langen Phasen auch völlig in Ordnung sein. Nun kommst du aber aus einer Familie, wo Augenkontakt, wenn auch in reduzierter Form, möglich war, scheu, beiläufig oder nur in bestimmten Gefühlslagen, wie auch immer – aber es gab keine Verständigung über wechselnde Formen von Distanz und Nähe, Rückzug und Annäherung. Du sitzt also da und bist immer wieder erstaunt oder erschreckt, wie starr dein Körper wird, oder wie dich Unwirklichkeitsgefühle beschleichen, wie du dich depersonalisiert fühlst, wie du meilenweit abschweifst in Gedanken oder einfach verstummst. Jedenfalls, die Fähigkeit, euren gewohnten Austausch von Gefühl und Sprache fortzusetzen, kommt dir abhanden, du bekommst einen leeren Kopf, mußt wegschauen oder dir wird schwindlig, usw. Oder du spürst, daß du eigentlich plötzlich hinauslaufen möchtest, kriegst einen heißen Kopf oder eiskalte Hände, oder du klammerst dich an deinen Stuhl, um ihm nicht plötzlich um den Hals zu fallen oder dich auf den Boden zu werfen. Vielleicht traust du dich, all das irgendwann mitzuteilen, und vielleicht gelingt es euch auch, das zu verstehen und zu bearbeiten. Manchmal aber wird die Sache immer verkrampfter, unwirklicher, gespannter, und ihr kommt in einen destruktiven Clinch, die Deutungen kommen nicht mehr an, der Therapeut wird ab und zu auch verlegen oder ärgerlich, und ihr kommt euch beide hilflos vor. Es »klemmt« und wird auch durch Wochen und Monate nicht besser. Ich schreibe ja nur über Situationen, die zu einem bösen Ende drängen, oder schon dorthin geführt haben, oder solche, die durch einen Anstoß von außen wieder zum Guten gebracht werden können.

Kurz, du wiederholst im Setting wieder unbemerkt ein tiefes Familienleiden: eine Erstarrung in einer ritualisierten Distanz oder Nähe, weil die Konflikte um Annäherung oder Entfernung nie zu handhaben waren. Da wurde zwar plötzlich immer wieder einer krank und wurde dann wie ein Kind gepflegt; oder es verschwand einer scheinbar ohne Grund für ein paar Stunden oder Tage; oder er zog sich unauffindbar in sich selbst zurück; oder es gab Wutausbrüche oder Stürme unberechenbarer Überschüttung mit Zärtlichkeit oder sentimental getönter Nähe, oft in einem Hilfsmedium, etwa Religion, Musik, Literatur, Natur oder Alkohol usw., nur weil keiner mit den wechselnden Bedürfnissen nach einer Veränderung der ritualisierten Nähe oder Distanz umgehen konnte. Und nun fühlst du dich ebenfalls eingezwängt in eine unverrückbare Position, nur, du kannst das Unbehagen mangels Übung nicht recht spüren oder gar formulieren, sondern du bekommst unverständliche Symptome innerhalb der Therapiestunde, die auf herkömmliche Deutungen nicht mehr ansprechen. Ihr wärt aber beide sehr erstaunt, was alles passiert, wenn du den Tisch einfach beiseite schöbst und dich entweder viel näher zum Therapeuten setztest, oder in die entfernteste Ecke.

Manch einen Therapeuten mag dann die Furcht um den Bestand des Settings überfallen, und er schießt Deutungen oder Zurechtweisungen aus der Hüfte heraus, oder aber er läßt erkennen, daß er das Verschieben des Stuhls deinerseits für ein unvermeidbares, aber doch rasch unter Kontrolle zu bringendes »Agieren« innerhalb der Stunde hält. Mein allererster Therapeut, bei dem ich nur zehn Stunden blieb, konnte nicht einmal ertragen, daß ich vor seinem Schreibtisch, wenn ich von den herandrängenden Gefühlen allzu aufgeregt wurde, einfach aufstand und ein paar Schritte machen wollte, sei es auch nur aus unbändiger Begeisterung, daß mir zum ersten Mal jemand zuhörte.

Der englische Analytiker Masud Khan stellte manchen seiner Patienten wie selbstverständlich sein ganzes großes Zimmer zur Verfügung, damit sie mit dem Raum und mit den verschiedenen Ebenen Liegen, Sitzen und Stehen/Gehen experimentieren konnten. Für dich mag es vielleicht das Ziel sein, irgendwann Nähe und Distanz, vor allem ihre Veränderung, in Worten ausreichend darstellen zu können. Jetzt kannst du es vielleicht noch nicht und brauchst eine räumliche Inszenierung, um ein paar plötzlich andrängende Symptome überhaupt angehen zu können. Ein starres Setting wiederholt hier die Familienkrankheit, oder deine individuelle Störung wird räumlich reinszeniert. Und da das Setting unbefragte Realität ist, wird sie der Therapeut von sich aus meist nicht als Symptom erkennen und ansprechen. Das Setting dient dann nicht mehr dir oder der Behandlung, sondern einer Lehre, oder seinem Bedürfnis nach Sicherheit, Schutz, Phantasielosigkeit oder seinem Kinderglauben an das Gelernte. Jeder Therapeut hat sich *eigene* Erfahrungen und Überzeugungen angeeignet;

aber an manchen unerwarteten Ecken ist er auch einfach erzogen oder gar dressiert, ohne daß er eigene Erfahrungen hätte machen können, und reagiert wie die Bürokraten: »Das haben wir noch nie so gemacht« oder: »Das haben wir schon immer so gemacht« oder: »Wo kämen wir denn da hin?«. Das Setting kann fruchtbarer Boden für deine Entfaltung sein, aber auch Fessel und undurchschaute Wiederholung.

Es kann durchaus sein, daß du eine wirkliche Freiheit des Fühlens erst dann an einem zentralen Punkt deiner Krankheitsgeschichte erwirbst, wenn du erlebst: du darfst Nähe und Distanz aus eigenem Entschluß verändern, dich zuwenden und abwenden, dich entfernen und wieder annähern, und der andere erträgt es, freut sich über deine Bewegungen und ist nicht verängstigt oder muß dich kontrollieren. Natürlich heißt all dies wiederum nicht, daß du in provokativer Weise deinem Therapeuten die Hölle heiß machen sollst mit körperlichen Attacken oder türenknallendem Wegrennen – jede Auflockerung läßt sich mißbrauchen zur Gefährdung der Therapie oder des Wohlbefindens des Therapeuten –, sondern daß du *mit ihm zusammen*, manchmal freilich auch ein Stückchen gegen ihn, deinen Spielraum erweiterst und die undurchschauten Fesseln deiner Neurose kennen- und abzustreifen lernst. Wenn es nicht geht, wenn er dich nicht experimentieren läßt an einem Punkt, der dir von überlebenswichtiger Bedeutung erscheint, wenn er das Setting höher hält als dein Bedürfnis nach Wachstum, Entfaltung und einem neuen Beginn, dann hast du Pech gehabt. Aber auch hier kann es sein, daß du Geduld haben mußt, daß er selbst erst mit dir und an dir lernen muß, seinen eigenen Spielraum zu erweitern. Manchmal kannst du ruhig ein bißchen großmütig sein inmitten deiner Verzweiflung. Wenn er es gar nicht gewohnt ist, daß sein Patient die Stühle verstellt und anfängt, mit dem Raum zu experimentieren, ist er zunächst erschrocken. Schließlich brauchst du ihn ja auch nicht zu überraschen, du kannst es ankündigen. Aber oft ist die

Ankündigung auch schon das Ende des Aufbruchs zu etwas Neuem, weil er dir mit einer Deutung dazwischen fahren kann. Also ist gelegentlich doch die Überraschung nötig, so wie Kinder oft festgefahrene Eltern nur durch die Macht der Überraschung zu kleinen Änderungen ihrer pädagogischen Haltung bewegen können. Wenn du also deinen Stuhl plötzlich ein Stück näher rückst, ihm sozusagen auf die Pelle, und du merkst, er fängt an zu schwitzen oder ringt nach Fassung oder weist dich zurecht, dann brauchst du das Experiment nicht sofort aufgeben, ihn verachten oder dich für unerträglich halten, wie es deine Mutter so oft mit unwidersprechlichem Charme betont hat, sondern du kannst ihn auch beruhigen: sage ihm einfach, daß du ihn nicht auffressen, nicht unkeusch anfassen willst, ihn nicht schlägst, ihm keine Angst machen möchtest, sondern zum Beispiel mit eingefahrenen Distanzproblemen umgehen lernen möchtest. Es ist ja nicht nur der pure und dir noch wegzuanalysierende Größenwahn, wenn du inmitten aller unbekömmlichen Clinchs meinst, er könne auch von *dir* hoffnungslosem Fall noch etwas lernen. Manchmal hilft es, wenn du dein Experimentieren freiwillig begrenzt; wenn er skeptisch ist, du aber spürst, du bist etwas Neuem auf der Spur, biete einen Vertrag an: »Bitte, geben Sie zwei Stunden keine Deutungen, sondern lassen Sie mich wohlwollend und neugierig mit dem Raum experimentieren, dann muß ich nicht einfach gehorchen. Und wenn *ich* recht habe, will ich, daß wir uns gemeinsam freuen, und wenn Sie mit Ihrem Festhalten am unveränderten Setting recht haben, dann kann ich es einsehen und muß mich nicht einfach Ihrem Willen beugen!« Das wirkt oft Wunder, falls er überhaupt noch zu einem solchen Abkommen fähig ist und ihr euch nicht schon längst in den vereisten Fronten des Rechtbehaltens verrannt habt.
Denn die Erinnerungen an sinnloses und erzwungenes Sich-unterwerfen-Müssen trotz besserer Ahnung oder trotz des tiefen Wunsches nach eigener Erfahrung gehören, wie in jeder Beziehung, so auch in einer Therapie zu den demüti-

gendsten Lasten, die man mit sich herumträgt. Und die Erinnerungen, daß ihr wie die bockigen Kinder euch in einen Kampf ums Setting verbohrt habt, obwohl ein bißchen Großzügigkeit seinerseits dir vielleicht neue Wege geöffnet hätte, kannst du euch möglicherweise noch ersparen. Bedenke aber immer, daß es nicht nur an ihm liegt, großzügig zu sein. Du mußt es auch sein, wenn du damit nicht eben doch Unterwerfung und die heimlich damit verbundene Verachtung verknüpfst.

Die absurde Geschichte von dem Patienten mit dem Tonband und dem schreienden, die Polizei zu Hilfe rufenden Analytiker in Paris, die Sartre zuerst veröffentlicht hat und die inzwischen auch auf deutsch als Buch zu haben ist, wäre mit etwas Gelassenheit auf seiten des Therapeuten und mit mehr Verständnis für die Gefühle von Demütigung auf seiten des Patienten nicht zu dieser Groteske ausgeufert, sondern hätte sich vielleicht mit Humor innerhalb der Therapie, auf die der Patient ja sehr lange Hoffnungen gesetzt hatte, aufarbeiten lassen. Aus Wut und Enttäuschung hat er aber dann zielsicher die paranoide Seite des Analytikers erwischt und genießerisch ausgebeutet: als er fast alle Hoffnung aufgegeben hatte.*

Ein drittes Beispiel: du kommst vielleicht aus einer Familie, in der es eine allgemeine Angst oder Scheu vor körperlichen Berührungen gegeben hat, oder du hast sie aus individuellen Gründen für dich allein entwickelt. Du weißt also oft gar nicht, was Berührung bedeutet, du hast dich aus einem elementaren Bereich menschlicher Kommunikation zurückgezogen und lebst körperlich auf einer verlassenen Insel. Dem widerspräche nicht einmal, wenn du mit deinem Partner ab und zu fröhlichen sexuellen Verkehr hättest, weil es Verlassenheitsinseln gibt, zu denen durchaus noch die Luftbrücke gelegentlicher Sexualität bestehen kann. Trotzdem kannst du

* Jean-Jacques Abrahams, Jetzt werden *Sie* analysiert, Doktor! Rogner und Bernhard-Verlag, München 1977.

von elementarem, quasi biologisch-mütterlichem Körperkontakt abgeschnitten sein. In der Psychoanalyse herrscht das segensreiche Prinzip der Abstinenz: Therapie ist nicht geschaffen für Triebbefriedigung oder wiedergutmachende Entschädigung, und das ist gut so. Es gibt aber wichtige Unterschiede zwischen Triebbefriedigung samt verwöhnender Wiedergutmachung und der Hilfestellung bei der Wiederherstellung des verlorengegangenen elementaren Vertrauens in den eigenen und den fremden Körper. Manchmal ist deine Verbannung auf das körperlose Inseldasein durch Worte und Einsicht nicht zu beheben. Für den verstorbenen englischen Psychoanalytiker Balint war es eine Selbstverständlichkeit, manchen Patienten in bedrohlichen Formen der Regression, oder bei Entwicklungsschritten auf frühem Niveau, die sie ohne mütterlichen Beistand nie geschafft hatten, die Hand zu geben. Das hat sie beruhigt und ihnen den Mut gegeben, unter diesem elementaren und handgreiflichen Schutz bestimmte Formen des Urmißtrauens aufzugeben und im Andern nicht nur mehr das bedrohliche Ungeheuer hinter der Glasscheibe der Unberührbarkeit zu sehen. Selbst bei im klassischen Setting gut vorangehenden Analysen kann in bestimmten Momenten eine vorsichtige symbolisch-haltende Berührung einen ganz neuen Raum des Erlebens, zunächst der Trauer, des Wiederspürens einer abgrundtiefen Vereinsamung öffnen. Wie beim verlorenen Augenkontakt geht es auch hier um den Zwischenbereich zwischen der elementaren Wirklichkeit von Gefühlen und ihrer Halbwirklichkeit bei der bloßen Benennung durch Worte. Dies alles ist noch sehr wenig erforscht. Im Augenblick herrscht noch tiefe Spaltung zwischen den klassisch-analytischen Abstinenzlern und den wilden Körpertherapeuten, die aber nicht umsonst regen Zulauf finden. Ich habe bisher nicht erlebt, daß ein Patient meine Bereitschaft zu vorsichtigen, symbolischen Berührungen mißbraucht hätte, und ich selbst hatte in meiner körpertherapeutischen Selbsterfahrung nie das Gefühl, daß ich mich jetzt endlich verwöhnen lassen oder den Therapeuten verführen wollte. Allerdings sind Berührungen natürlich unangebracht und ziemlich zerstörerisch in einer erotisch aufgeladenen, also eher ödipal getönten Atmosphäre, und erst recht dann, wenn die Erotisierung nur die drängend-bunte Verkleidung eines viel tieferen Bedürfnisses nach elementarem Kontakt ist. Es ist mir aber als Therapeut passiert, daß ich dachte: niemals würde ich mit dieser Patientin eine körperliche Berührung zulassen oder für notwendig oder günstig halten, und ein paar Wochen später konnte, nach Durcharbeitung eines erotisierten Nähewunsches, meine Hand auf ihrer Stirn einen nie gewagten Gang durch eine ungeheure frühe Verwirrung der Gefühle begleiten und sie lösen helfen.

Umgekehrt habe ich als Patient erlebt, daß ich meinte: eine Berührung dieses Menschen, oder durch diesen Menschen, würde ich nicht ertragen, und nach einigen Wochen Arbeit konnte ich meine Wange in seine Hand legen, verlor eine mächtige Portion meines Urmißtrauens (natürlich nicht schlagartig, um alle Wunderphantasien zu dämpfen) und kam an das nie wirklich durchanalysierte, vielleicht auch nicht analysierbare Thema des tiefen physischen Widerwillens, ja Ekels, der aus den verschiedensten Gründen im Untergrund unserer Familie vorhanden war.

Ich plädiere nicht für ein wahlloses Anfassen in Analysen, ich versuche den Ort zu bestimmen, wo das Setting sich von einem heilsamen, haltgebenden Rahmen in eine undurchschaute Wiederholung früher Traumen verwandelt. Sehr oft bedarf es nicht einmal der realen Berührung! Oft wird ja auch nicht einmal der symbolische Raum des Phantasierens in bestimmten heiklen Bereichen wirklich betreten. Es kann durchaus sein, daß ein konsequentes Durchgehen der Berührungsphantasien und -wünsche dich schon sehr weit voranbringt. Es kann aber auch sein, daß der Raum des Symbolischen eine reale Bestätigung braucht. Ob du die Phantasie, du oder der Therapeut seien körperlich eklig, widerwärtig, gefährlich füreinander, in der Phantasie durcharbeiten kannst, oder ob du die minimale Überprüfung an der physischen Wirklichkeit brauchst, kann man nicht theoretisch entscheiden. Das hängt unter anderem davon ab, wie weit du gekommen bist in der Fähigkeit zur seelischen, zeichenhaften oder verbalen Symbolisierung von in der Kindheit sehr körperlichen Vorgängen. Diese Fähigkeit läßt sich nicht erzwingen, sie kann vielleicht durch sehr lange analytische Arbeit nachgeholt werden. Aber wenn du sie nicht hast, mußt du dich noch nicht als analyseuntauglich abschmettern lassen, sondern dein Therapeut hat es vielleicht nur noch nicht gelernt, in diesem Zwischenbereich zwischen Seelischem und Körperlichem einen eigenen, nicht-dogmatischen Weg zu finden. Unter Umständen befindet er sich in ähnlicher Weise in Neuland wie du selbst, und es stellt sich immer wieder die Frage, wieviel ihr in unbekannten Situationen in einer fairen wechselseitigen Respektierung zusammen lernen könnt.

Ich möchte es zum Schluß dieses Kapitels noch einmal ganz deutlich betonen: die Klarheit und Verläßlichkeit eines analytischen Settings ist eine Kostbarkeit. Sie willkürlich aufzugeben ist ein Unding, das in Verwirrung und Unklarheit führt. In vielen Therapien ist es gerade der Kampf um die Einhaltung des Settings, der dir Konturen, Orientierung und die Möglichkeit zu bisher unbekannten oder gefürchteten und gemiedenen Gefühlen verschafft. Die Voraussetzung ist, daß es sich um halbwegs konturierte Konflikte in dir oder zwischen dir und dem Therapeuten handelt. Wenn er also auf der Einhaltung des Settings besteht, kann es durchaus ein Zeichen seines Vertrauens in deine Konflikt- und Symbolisierungsfähigkeit sein, oder seiner Bereitschaft, sie dich in geduldiger Arbeit erwerben zu lassen. Erst wenn du wirklich das Gefühl hast, das Setting konserviere deine Leblosigkeit, deine Gefühlsverwirrung, dein Urmißtrauen oder deine elementare Menschenscheu, dann hast du das Recht, mit dem Setting zu experimentieren, wenn er es nicht selbst vorschlägt.

Übrigens: auch wenn ihr es an einem schwierigen Punkte nicht zusammen schafft, wenn die strikte Einhaltung des Settings also bestimmte Gefühlsbereiche in dir *kalt* oder versteinert beläßt, brauchst du nicht zu verzweifeln. Auf der Basis dessen, was ihr zusammen erarbeiten *könnt*, hast du später viel größere Chancen, bei einem mehr körperorientierten Therapeuten die fehlenden Stücke noch nachzuholen. Ich bin nicht für wahllosen Therapeutenwechsel, finde aber auch die vielfach zu beobachtende Nibelungentreue absurd, mit der viele Patienten es auf sich nehmen, in der emotionalen und vitalen Beengung, aus der sich ihr Therapeut nicht gelöst hat, auszuharren.

Auf den möglicherweise weit häufigeren umgekehrten Fall, daß der seelisch und vital eingeengte Patient trotz langer analytischer Arbeit die Lebendigkeit des Therapeuten in dessen privatem Leben nicht erreicht, brauche ich in diesem Buch nicht einzugehen. Nichts ist schmerzlicher für einen Therapeuten als zu spüren, wie du vor vielen Lebensmöglichkeiten zurückschreckst, die dir ohne die Barrieren deines Überichs oder deiner tief verborgenen Loyalität gegenüber eingeengten Eltern offenstünden. Es gibt aber auch eine durch das analytische Setting geförderte Fehl-Wahrnehmung des Analytikers als eines beengten Menschen, die nicht immer durch Deutung und Konfrontation zu durchbrechen ist. Die analytische Situation mit ihren eingeschränkten vitalen Lebensäußerungen kann, wenn du aus einem sehr beengten, rigiden Milieu stammst, unbemerkt noch einmal zur Bestätigung einer eingeengten Lebenshaltung führen. Du hörst dann zwar die durch auflockerndes, freieres Phantasieren und Vorausphantasieren lebensfördernden Sätze des Analytikers, aber mit bestimmten Störungen nimmst du nicht die Worte ernst, sondern die beengte Lebensrealität der Analyse, und verharrst bei deinen realen Einschränkungen, weil du weniger Deutung und Einsicht als konkrete Anleitung und Ermutigung, ein sicht- und faßbares Vorbild bräuchtest. Wenn du dann noch einen Therapeuten hast, der es dir als selbstver-

ständlich nahelegt, daß zwischen dir und seiner Couch jedesmal eine frische Papierserviette zu liegen habe, wirst du dich in deinen antiseptischen Lebensvorstellungen sicher gerne bestätigen lassen, selbst wenn der Therapeut ganz anders lebt, als du ihn im analytischen Ritual zu erfassen glaubst.
Die Frage, wie du erkennen kannst, wann das Setting zu einem eher beengenden als fördernden Faktor wird, ist nicht leicht zu beantworten, besonders dann, wenn das Setting sich bruchlos als Breitbandsymptom aus deiner Familienneurose anbietet. Am ehesten kann als Hinweis dienen, wenn du immer stärkere Phantasien oder Wünsche hinsichtlich einer radikalen Durchbrechung spürst, wenn die rebellischen Träume zunehmen, wenn du Lust kriegst, ganz verrückte Sachen anzustellen, dich aber im Liegen oder Sitzen ein Gefühl absurder Bravheit, Unterwerfung oder beklemmender Schein-Ordnung beschleicht. All dies läßt sich dann, wohlgemerkt, vielleicht auch verbal abhandeln. Gelegentlich aber ist die Bravheit der vitalen Realität nicht durch die Lockerung der Phantasie aufzuheben. Ebensowenig wie eine Marlboro-Zigarette dich wirklich auf den Rücken eines Cowboy-Pferdes versetzt, vermittelt dir, gewisse Störungen im vitalen Bereich vorausgesetzt, eine gute Serie von Deutungen hinsichtlich deines Überichs schon eine wirkliche Lust am Leben.
Als mir das dauernde Analysieren angesichts meiner Stagnation im Leben eines Tages immer absurder vorkam und zu einer Kunstform abseits meiner vitalen Fixierungen zu werden schien, habe ich dem immer unwiderstehlicher werdenden Drang nachgegeben, *unter* die Couch zu kriechen und das leichte und zerbrechliche Gestell auf meinen ausgestreckten Beinen zu balancieren. Der elementare Protest hat mir erstaunlicherweise ein Gefühl von verlorener Würde zurückgegeben; ich war wieder im Einklang mit der schon verloren geglaubten Lebendigkeit eines Selbstanteils, den ich glaubte an die Analyse verraten zu müssen. Täuschung hin,

Widerstand her. Die Aktion hat die Analyse nicht mehr gerettet. Wir haben nicht zu einer einvernehmlichen, ermutigenden Deutung dieses »Agierens« in der Stunde gefunden.

Die kleine Abschweifung führt mich übrigens noch zu einer weiteren Möglichkeit, wo das Setting, oder Teile von ihm, zu einer direkten Wiederholung früherer prägender Erlebnisse führen kann. Eine vom Analytiker durchaus mit ehrenhaftem Einsatz geführte Widerstandsanalyse kann, so sinnvoll sie in vielen Fällen sein mag, für dich und andere eine direkte Wiederholung der pädagogisch deutenden Haltung deiner Eltern sein: du seist eben ein widerborstiges, trotziges Kind, und nur eine konsequente Erziehung könne dich auf den rechten Weg zurückbringen. Du erlebst dann bei der Widerstandsanalyse das gleiche demütigende pädagogisch-therapeutische Gefälle, das die Charakter- oder Entwicklungsstagnation ausschließlich zu *deinem* Problem macht, das von hoher pädagogischer oder analytischer Warte mit Geduld, Konsequenz und Härte angegangen wird. Du bist, möglicherweise gerade aus Übertragungsgründen, sozusagen konstitutionell unfähig, die Segnungen dieses geduldigen Einsatzes deines Therapeuten zu würdigen, weil er von einer nicht hinterfragten Einpersonen-Psychologie ausgeht, bei der, wie beim trojanischen Krieg, ein Belagerungsheer zehn Jahre gegen eine feste Burg anrennt und am Ende allenfalls durch eine infame Kriegslist ans Ziel gelangt.

Fazit, in Stichworten: es ist besser, innerhalb der Stunden zu »agieren« als dort nicht Lebbares dumpf und unbewußt »draußen« zu inszenieren. Je mehr du innerhalb der Stunde in deiner Not dir durch »Agieren« einen notwendigen, weil existenzerhaltenden Spielraum erarbeitest, desto weniger mußt du dich und andere in unverständlich absurde Lagen oder Katastrophen führen.

Zweitens: wo Gefühle der Beklemmung und lähmender Stagnation dich am Segen eines rituell eingehaltenen Settings zweifeln lassen, kannst du das, falls du ein paar Jährchen zum

Verplempern erübrigen willst, ruhig aushalten und dein Sparflammen-Leben durch höhere analytische Weihen absegnen lassen. Oder du probierst eine elementare und dir zunächst bodenlos frech erscheinende Auflehnung, die zu einem schnellen, schrecklichen und humorlosen Ende führt, oder zu einem Neubeginn in einem breiteren Verständnis deines Lebens und eurer Beziehung.

## *Die endliche und die endlose Analyse*

Ein Kapitel für Fortgeschrittene, das Anfänger ruhig überschlagen mögen.

Teils mit Stolz, teils errötend hinter vorgehaltener Hand verraten einander oft Analyse- oder Therapiepatienten, wenn sie sich schnuppernd als solche erkannt haben und sich im klaren darüber sind, daß sie dieses gemeinsame Merkmal zur Grundlage wechselseitiger Sympathie machen wollen, die Dauer ihrer Schwerarbeit an der eigenen Seele. Die Flitterwöchner genieren sich, daß sie erst einige Wochen oder Monate dieses wundersamen Zustandes vorweisen können. Beim Gros der Patienten überwiegt die Buchhaltung nach Jahren, wobei sich, bei gutlaufenden Therapien, in der Stimme so etwas wie der Stolz über erfolgreich verbrachte Regressions- und Wiederaufbauzeiten erkennen läßt. Bei anderen gerät die Stimme in ein eher ambivalentes oder kleinlautes Zittern, das ihr Schwanken zwischen Hoffnung und Zweifel verrät. In diesem Kapitel möchte ich mich nur mit denen von euch beschäftigen, die mit dem kleinen Einmaleins der Jahre nicht mehr ganz auskommen und deshalb am Übergang zur Rechnungseinheit von Jahrfünften sich befinden. In meinen eigenen Versuchen, den Überblick zu behalten über meine Irrungen und Wirrungen vor, neben, auf, unter, über und jenseits der Couch halte ich mich an die grobe Schätzung, daß ich das dritte Jahrfünft demnächst vollende, die Pausen eingerechnet das vierte. Kein Versuch hat allerdings länger als sechs Jahre gedauert, so daß ich bei denen, die zwischen sieben und fünfzehn Jahren auf der gleichen Couch zugebracht haben, nur noch vom Hörensagen mitreden kann. Es war allerdings ein aufmerksames Hörensagen, zum Teil auch aus allernächster Nähe. Um bei diesem Thema nicht vollkommen der ironischen Distanzierung zu verfallen, rufe ich mich jetzt zur Ordnung:

In Ausnahmefällen könnte ich mir vorstellen, daß bestimmte Formen von Störungen, vor allem, wenn sie sich in fixierten Charakterhaltungen oder schweren psychosomatischen Beschwerden niedergeschlagen haben, wirklich eine analytische Arbeit von mehr als sechsjähriger Dauer bei ein und demselben Analytiker verlangen. In den USA allerdings galt es, vor allem im Ausbildungsbetrieb, seit den fünfziger Jahren allgemein als elegant und natürlich, nach dem vollendeten sechsten Jahr die Analyse allmählich in eine Beendigungsphase von ein- bis vierjähriger Dauer einmünden zu lassen. Das färbt begreiflicherweise ab auf die Analysedauer, die solchermaßen geläuterte Therapeuten ihren Klienten nahezulegen pflegen. Der Witz hat sich dieses Themas in herzerfrischender Weise bemächtigt, ich erinnere mich an einen Cartoon, auf dem sich Analytiker und Patient, beide mit einem Hörrohr ausgestattet, über ihre Jugendzeit auf und hinter ein und derselben Couch verständigen.

Bei Analysen, die länger als fünf bis sieben Jahre dauern, haben sich, so nehme ich an, unbemerkt Bremsfaktoren eingeschlichen, die das Ganze zwar immer anstrengender, zermürbender oder routinierter werden lassen, dafür aber auch fruchtloser und perspektivenärmer. Entweder ist die Analyse zu einer Art Lebenskrücke geworden, oder aber beide hoffen auf etwas, was sie, so wie sie sich aufeinander beziehen, gar nicht erreichen können. Es fällt ihnen nur schwer, das zu spüren, einzusehen oder gar mitzuteilen. Es kommt also zu einer Art einverständlicher Verschwörung, daß man dem eigentlichen Ziel noch immer und mit wachsenden Chancen auf der Spur sei, wobei die Länge des Leidens irgendeine höhere analytische Instanz immer günstiger stimmen müsse, so daß an ein letztendliches Einbringen der Ernte doch noch zu denken sei.

Auf jeden Fall ist es zu einem Mißverhältnis gekommen zwischen dem Wiederkäuen der Vergangenheit und den Faktoren, die die bisher nicht gelebten Lebenskräfte wecken könnten. Das Absurde ist, daß in vielen Fällen in den Jahren sechs bis zehn die Stundenzahl noch gesteigert wird, weil es scheint, als sei mangelnde Intensität die Ursache der quälenden Stagnation.

Bei normalen Patienten, also nicht solchen, die sich aus gewerblichen Gründen, sprich Lehranalyse, dergleichen überdehnten Prozeduren unterziehen, greift die Kassenregelung ein durch die Notwendigkeit der Selbstfinanzierung nach zwei bis drei Jahren, und wenn es gut geht (und manchmal fängt ja der eigentliche therapeutische Prozeß nach dem Ende der Fremdfinanzierung erst an), folgen noch ein oder mehrere Jahre solider analytischer Arbeit. Nicht so, wenn du und der Analytiker einige analyseverlängernde Faktoren in die Unternehmung mit einbringen und allein die wachsende Zahl der Jahre und die pekuniären Investitionen sowie die wachsende Solidarität inmitten eurer abseitigen Kreisbewegung, vor allem angesichts eines zunehmend stärker kopfschüttelnd reagierenden Publikums, euch zusammenschmieden. Es ist mir unvergeßlich, wie während meiner Lehrjahre *hinter* der Couch ein erfahrener Kontrollanalytiker, dem wir Lehrlinge unsere Erstanalysen auf einem Rollenspielseminar vortrugen, mir im fünften Jahr der von mir vorgestellen Analyse sagte: »Das ist ja Musik wie aus dem lang eingefahrenen Clinch eines gut eingespielten älteren Ehepaares!« Das hat gesessen.

Wenn du also beginnst, in deiner Therapie oder Analyse dich langsam auf die Jahrfünftrechnung umzustellen, ohne genau zu wissen, was dir die ersten fünf Jahre gebracht haben – außer der Tatsache, überlebt zu haben und ziemlich gut über dich und deine Familie Bescheid zu wissen – dann wird es Zeit, dir ein paar wichtige Fragen zu stellen; vielleicht steuerst du nicht auf eine Katastrophe zu, sondern befindest dich auf einer Reise, nach deren verspätetem Ende ein schales, enttäuschtes, möglicherweise auch verbittertes Gefühl zurückbleibt. Man könnte auch sagen, daß du die Katastrophe in ihrer schleichenden Erscheinungsform gewählt hast. Bei Frauen wirkt sich das manchmal, und dies ist ein durch-

aus tragischer Aspekt der Sache, so aus, daß sie die Lebensphase, in der sie eine Familie gründen könnten, in Analyse zubringen und aus lauter Loyalität und Anhänglichkeit an den Therapeuten keinen anderen Partner neben sich dulden oder auf den grünen Zweig kommen lassen. Wohlgemerkt, und ich wiederhole dies immer von neuem, ich spreche von den Fällen, in denen sich Analyse eher destruktiv und lebensschädigend auswirkt, in diesem Fall lebensverzehrend, und nicht von jener weit überwiegenden Zahl, denen die Analyse erst ungeahnte Lebensmöglichkeiten oder wenigstens erträgliches Überleben ermöglicht hat.
Bei den Männern sieht es im Falle der lebensverzehrenden Langanalyse eher so aus, daß Frau oder Familie in den ersten Jahren nicht sehr viel Chancen haben, mit und neben einem freien und selbstbewußten Ehemann zu gedeihen. Einigen wenigen Therapeuten kommt es vielleicht auch entgegen, sich als heimliches Familienoberhaupt zu installieren und aus der Großelternposition heraus als graue Eminenz die Geschicke einiger kleiner Clans zu lenken oder wenigstens als Orakel zu begleiten. Und umgekehrt finden es vielleicht manche jungen Familienväter besser, die Institution der Schwiegermutter durch die Institution des analytischen Oheims und Beichtvaters zu ersetzen.
Wenn dir also daran liegt, während oder gegen Ende des zweiten Analyse-Jahrfünfts die Arbeit nicht mit schalem Gefühl oder der achselzuckenden Frage, was es denn nun gebracht habe, zu beenden, dann sind einige Fragen wichtig:
1. Was erhoffe ich mir noch? Gibt es noch ein halbwegs klares Programm für ein Durcharbeiten bestimmter Konflikte, Charakterhaltungen oder psychosomatischer Beschwerden, die dich oder andere, an denen dir liegt, erheblich beeinträchtigen? Und wenn ja, bestehen in dieser Analyse oder Therapie positive Chancen, diese Belastungen anzugehen? Sind noch Überraschungen möglich, oder kennt ihr eure Reaktionen inzwischen in- und auswendig? Seid ihr

zu Wiederkäuern geworden und haltet das für tapfere Widerstandsanalyse?

2. Beschleicht dich nicht seit einigen Monaten oder Jahren das Gefühl, es herrsche eine Patt-Situation? Die Deutungsstellungen sind ausgebaut, die Palette deiner Initiativen hat sich im unteren Mittelfeld eingependelt? Ihr findet euch eigentlich nicht mehr sehr interessant, aber in gewisser Weise unentbehrlich? Die großen Ziele sind begraben, aber es ist ja noch so viel Feinarbeit nötig?

3. Was hindert dich, wenn du deinen Zweifeln am Sinn des Ganzen einmal nachgibst oder dir die Zahl der Jahre selbst merkwürdig vorkommt und du dir nur noch so helfen kannst, daß du dir eine besonders komplizierte Neurose zuerkennst – was hindert dich, die Sache zu beenden? Und, falls du dich wirklich noch sehr hilfsbedürftig fühlen solltest, kurz, falls der von dir als sicher vorausphantasierte Zusammenbruch erfolgen sollte, deinen Fall noch einmal jemandem ganz anderen vorzutragen? Der dich oder euch aus einer ganz anderen Perspektive sieht? Spürst du das geduldige Hinausschieben des Scheiterns, oder auch nur des Eingeständnisses, daß die Sache von begrenztem Wert war? Ist es Loyalität, die dich hält, solange du spürst: *er* hegt noch gewisse Hoffnungen? Wie sieht es mit dem freien Austausch von Aggression aus zwischen euch, will sagen, mit deiner Möglichkeit, dich abzugrenzen, deine eigene Meinung zu entwickeln, wütend zu sein, seine Ziele, Methoden und Einsichten anzuzweifeln? Kannst du es einfach nicht ertragen, nach so langem und oft verquältem Einverständnis an wichtigen Punkten eine definitiv andere Meinung zu entwickeln? Hast du vielleicht erhebliche Probleme mit deiner endgültigen Individuation und hoffst, er könne sie dir am Ende doch noch ohne eine kräftige Lebensregung deinerseits schenken? Hoffst du, daß man Selbständigkeit ersitzen oder er-liegen kann? Hältst du das Leben ohne seinen einverständlichen Segen nicht aus?

4. Oder ist es die Angst vor der nagenden Unzufriedenheit,

die längst in dir sitzt, und die nach dem Ende nicht mehr durch das tägliche oder wöchentliche Zusammensein gemildert wird? Fürchtest du den fast sicheren Beginn der Entfremdung, die zwischen euch eintreten wird, sobald ihr den institutionalisierten Kampf mit deiner Neurose aufgebt? Oder bist du es ihm einfach schuldig, zu bleiben, weil er über die Jahre hin so gütig und geduldig war und du nicht unzufrieden gehen willst? Oder spürst du, vielleicht mit Recht, daß dir noch einige wichtige Schritte fehlen, die du aber, aus Dankbarkeit und Loyalität, auf keinen Fall mit jemandem andern, schon gar nicht mit einer anderen Therapieform machen willst, weil er es verdient hat, daß du ganz und gar sein Geschöpf bleibst?

5. Traust du ihm nicht zu, daß er deinen Abgang kränkungsfrei verkraftet, weil du, um loszukommen, doch eine Portion Wut zusammenscharren mußt? Ich gebe zu: da ihr den, soweit es das gibt, natürlichen Rhythmus von Entfaltung und Trennung verpaßt habt, da du nun einmal ein Nesthocker geworden bist, braucht es mehr Kraft, mehr Trennungsangst, als wenn du mit Lust und pubertärem Stolz allein in die Welt ziehst! Hast du überhaupt eine Pubertät gehabt mit ihm? Oder seht ihr auf andere Pubertierende und deren Flegeleien und Autonomiebestrebungen mit Herablassung? Hast du die Phantasie, er brauche dich, oder brauchst du es, daß er dich braucht? Ahnst du die Schlingen der komplizierten Loyalitätsverhältnisse?

6. Je länger eine Analyse dauert, desto weniger ist der Therapeut frei, noch unbefangen mit Kollegen über deren Verlauf zu sprechen. Er ist selbst zu sehr verstrickt, fürchtet Kritik oder die plötzliche, unerwartet schmerzhafte Entdekkung einiger blinder Flecken. Oder aber für ihn selbst ist es schwer, sich mit dem mageren Ergebnis so vieler Jahre zufriedenzugeben, und du spürst das und möchtest dich noch zu seinem Vorteil verändern.

Es gibt in dir vielleicht auch eine latente Furcht, du könntest vorübergehend wütend und illoyal werden, wenn du dir bei jemandem andern noch etwas holst und dabei zwangsläufig über einige quälende Phasen und mögliche Schwachpunkte der Analyse enttäuscht redest. Du warst es vielleicht gewohnt, deine Familie nach außen hin mit Klauen und Zähnen zu verteidigen, obwohl sie dir gar nicht gut bekommen ist. De parentibus nil nisi bene! Du rechnest nicht mit deiner Freiheit, auch voller Wut über deine Analyse reden zu dürfen, weil du übergeordnete Standpunkte nie kennengelernt hast: daß jedem Therapeuten mal ein Fall weniger gut glückt, aber daß er deswegen nicht gleich geringgeschätzt wird. Oder hast du Angst, du könntest ihn der allgemeinen Verachtung ausliefern? Laß deinen Phantasien doch einmal freien Lauf! Sind dir Rachephantasien ganz fremd? Ich habe viele Patienten zuerst schwärmen hören, und nachher meinten sie: dem gehöre das Patent entzogen! Die Wahrheit liegt in der Mitte, meist, und ich ringe genauso wie du, und werde es weiter tun, um eine gerechte Einschätzung dessen, was ich geschenkt erhielt und was ich auszuhalten hatte. Dankbarkeit und Groll liegen oft eng beisammen. Also: bleibst du, weil du deinen Groll fürchtest, der eure zu lange idealisierte Zweisamkeit erschüttern könnte? Und hast du die Psychoanalyse gleich so mitidealisiert, daß du nur von *ihr* Hilfe annehmen darfst? Waren eure Beziehungen zur lebenslustigeren Verwandtschaft so gespannt? Durfte nur einer recht haben im ideologischen Dickicht eures Clans? Habt ihr euch von Feindbildern ernährt und von verschwörerischen Schutz- und Trutzloyalitäten? Gab es verfemte Überläufer, deren Schicksal du vermeiden möchtest? Mußtest du dich, auf Gedeih und Verderb, auf die Seite *eines* Elternteiles schlagen? Ging dir, auf welche Weise auch immer, der dritte Pol im ödipalen Dreieck verloren? Alleinerziehende Mütter sind eher in Gefahr, sich an ihre Kinder zu klammern oder die Loslösung zu behindern. Ist er eine alleinerziehende Mutter, oder warum machst du ihn dazu? Er wird nicht sterben, wenn du eine sinnlos, leer oder quälerisch gewordene Jahrfünft-Therapie aufgibst! Er wird nicht einmal Herzattacken bekommen, wie vielleicht deine Mutter oder Oma, als du dich von zu Hause loslösen wolltest. Sein Leben wird auch nicht ohne Sinn sein ohne deine unfruchtbare Zuneigung, selbst wenn es dich schmerzt! Ja, du mußt sogar auf den herrlichen Berechtigungsschein verzichten, er sei dir noch etwas schuldig oder müsse etwas wiedergutmachen. Vielleicht hoffst du, daß er sich gegen Ende ein einziges Mal entschuldigt für die teure Mühsal, und du könntest versöhnt von dannen ziehen. Aber ebenso wie Kinder vergeblich hoffen, daß sich ihre Eltern dafür entschuldigen, wie sie waren, ebensowenig entschuldigen sich Analytiker dafür, daß sie mit dir ein paar Jahre gearbeitet haben, so gut sie konnten. Wenn du nach der erlösenden Entschuldigung schreist: wo bleibt die deine? Meinst du, ausgerechnet du mit deiner Langeweile seist spurlos an ihm vorübergegangen, oder du mit deiner ewigen Nörgelei, deiner Entwertung, deinem subtilen Hohn oder deinen kränkenden Riesenerwartungen? Anders als im Alten Testament findet siebenjähriges Dienen auf der Couch nicht immer seinen Lohn, und das ewige Hoffen ist ein Symptom, keine Tugend, mindestens so lange du so konsequent an der falschen Stelle hoffst. Irgendwann mußt du einfach selbst abschätzen, ob deine Hoffnungen noch Sinn haben, und das ist vielleicht dein erster Schritt zur Selbständigkeit. Es sei denn, du sammelst Rabattmarken und Berechtigungsscheine und Kränkungsaktien und Hoffnungsgutscheine, um sie am Jüngsten Tag einzuklagen.

Nun gibt es noch den Sonderfall, daß du selbst nach sechs bis zehn oder mehr Jahren weggeschickt wirst. Grund genug, tödlich gekränkt zu sein, weil dich der Wind des Lebens ja sofort umhauen wird. Du schäumst vielleicht vor Wut: der gibt mir einfach den Laufpaß; der gibt auf, dann war ja alles Lüge; ich habe mich getäuscht, er läßt mich fallen! Nein, wahrscheinlich hat er nur die Schnauze voll, oder er traut dir zu, daß du letztendlich doch noch auf die Füße fällst, oder daß du, auch gegen seinen Rat, noch eine für dich förderlichere Hilfe findest.

Leider gibt es keine Rezepte, nur Vermutungen, und Ermutigungen zum Selbst-Sein, zum Bruch. Falls du nicht gelernt hast, deine Jahre für kostbar zu halten, ich sage dir: sie sind es, und ungelebte Jahre wollen sogar noch betrauert werden, ja, manchmal schreien sie sogar nach Verbitterung und Resignation. Wann kapierst du, daß du ihn festnagelst in einer Position der Zuständigkeit für dich, über die du ein paar Jahre später einfach den Kopf schüttelst oder lachst! Also: hau ab, oder laß dich rausschmeißen, was immer dir mehr liegt, oder gib noch zwei Jahre drauf, wenn du noch nicht auf dem Boden des Topfes angelangt bist. Du hast, wenn dies alles für dich zutrifft, deine Freiheit und deine Zurechnungsfähigkeit abgetreten, du bist in einem Clinch, in einer Beziehungsfalle, in der dir die Weisheit des andern nichts mehr nützt, weil er wahrscheinlich selbst nicht mehr darüber verfügt.

Wann darfst du wahrnehmen, daß dir, oder euch, eure Beziehung gar nicht mehr bekommt? Hinterher wirfst du dir vor, die vielen Zeichen übersehen oder nie jemand Kundiges zu Rate gezogen zu haben. Dabei braucht er dir ja nichts zu raten, das wäre sogar verkehrt, er soll dir nur Raum geben, in dem du einmal Positives wie Negatives besichtigen, die Hoffnung mit den Enttäuschungen und die Wünsche mit den Realitäten vergleichen kannst.

Zunächst scheint es am Ende zwei Versager zu geben, selbst wenn ihr euch am Schluß versichern würdet, wie fruchtbar und schwierig alles war, falls ihr einverständlich scheidet. Falls ihr einen Krach braucht, wird es Schuldzuschiebung geben, leise oder laut, aber merke: auch das ist zu überstehen.

Der Hauptgrund, der dich in aller Regel zum Ausharren treibt auch dort, wo es sich nur noch um eine dicke Wiederholung einer alten Elendsbeziehung handelt, ist deine Trennungsangst. Wahrscheinlich hast du real oder seelisch frühe Trennungen erlebt, die du noch immer nicht überwunden hast. Oder du bist an einer bestimmten Stelle deiner Individuation, deines Selbständigwerdens stehengeblieben, und nun fürchtest du, daß du, falls du dich abnabelst, eine wohlfeile Beute deines altbekannten, entsetzlichen Verlassenheitsgefühls wirst, oder der Panik, die wirklich niederschmetternd sein kann. Diese Trennungsangst kann sehr intensiv mit deinen Loyalitätsproblemen verknüpft sein, sie mag aber auch ein frühes Erbe sein, das dich fürchten macht, du gerietest in Todesnähe, wenn das Band reißt. Du leidest also, weil du dich das Leidensband nicht zu kappen traust. Aber du mußt in diesem Zustand ohnehin wählen zwischen zwei Übeln: verquältes Bezogensein, und die Qual der Verlassenheit. Aber die Verlassenheit läßt sich eher beenden, durch eine neue therapeutische Beziehung (auch wenn du meinst, der Makel oder die Schuld der Trennung mache dich wenig willkommen), als die Qual einer eingefahrenen Mesalliance, die durch die wechselseitigen Vorwürfe und die sadomasochistischen Leiden und Vergnügungen sich verschlimmert. Ich finde aber ein Ende mit Schrecken besser.

## *Spaltungen oder*
## *Die Axt im Haus erspart den Untergang*

Falls du das Folgende gar nicht kennst: verschiedene, einander sogar widersprechende, mindestens weit voneinander entfernte Gefühlslagen oder Ich-Zustände – so kannst du dieses Kapitel ruhig ungelesen lassen. Es handelt von so exotischen Dingen wie gespaltenen Persönlichkeiten, Borderline-Strukturen, Hell-Dunkel-Denkern und professionellen Verklärern, beziehungsweise Dämonisierern anderer Menschen, und zwar von solchen im Gleichstrom- wie im Wechselstrom-Verfahren. Zu deutsch: du kannst relativ stabile Spaltungen haben, bei denen Freund und Feind über einige Zeit konstant bleiben, ebenso deine inneren Zustände und deren Abrufbarkeit, oder du nimmst eher teil an einem Spaltungszirkus, in dem in raschem Wechsel die gleichen Personen bald als gut, bald als böse auftreten, und du denkst dann wirklich, sie hätten ihre Eigenschaften geändert und nicht du deine Brille; oder du selbst fühlst dich sehr widersprüchlichen Gefühlen ausgesetzt, weißt aber nicht, wodurch der Wechsel in Gang gesetzt wird, und das einzig Konstante an dir ist, daß sich dauernd deine Stimmung ändert.
Du ahnst schon, daß ich jetzt tief im Mülleimer jener früher erwähnten Schrott-Kategorie nach dir suche – du brauchst dich nicht zu verstecken, jeder besteht zum Teil aus geglückten Neuteilen, zum Teil aus Schrott. Aber immerhin haben sich die Psychoanalytiker diese Kategorie »borderline« ziemlich lange vom Hals gehalten, das klassische Verfahren lange vor ihnen geschützt, oder umgekehrt, und erst allmählich kommt ans Licht, daß es sich bei Leuten wie dir um nicht uninteressante Varianten der menschlichen Gattung handelt, manchmal sogar sehr begabt, sensibel bis zur Nicht-Handhabbarkeit, aber mit einem reichen, wenn auch chaotischen Innenleben versehen. Der Grund des langen Zögerns der

Analytiker, sich deiner Spezies anzunehmen: durch geheimnisvolle Vorgänge der Ansteckung, der Gegenidentifikation, der projektiven Externalisierung und der sogenannten Unter-dem-Teppich-Projektion haben sie sich unbemerkt mit deinen Eigenschaften aufgeladen; du hast sie also mit deiner seelischen Durchtriebenheit verrückt gemacht, und solange sie noch keinen Gegenzauber hatten und dir vermittels der Beachtung eben dieses von dir herbeigeführten Verrückt-Werdens auf die Schliche kommen konnten, fühlten sie sich selber von dir zu Schrott gemacht und lehnten dies kollektiv dankend ab, verständlicherweise. Dafür haben sie dann den diagnostischen Mülleimer des Borderline-Syndroms hinzugezogen, in dem du lange auf deine Wiederverwendung hast warten müssen. Heutzutage kannst du, wenn du Glück hast, sofort und ohne Umweg über die Müllabfuhr geflickt oder aber, falls du mal vorübergehend wegen Auseinanderfallens in die Klapsmühle mußt, relativ rasch dem richtigen Recycling-Verfahren zugeführt werden. Fühlst du dich durch diese Kategorisierungen ein wenig verschaukelt? Hätte ich dich sanfter anfassen sollen? Tröste dich, es ist purer Zufall, daß wir uns nicht im Mülleimer begegnet sind. Da hätten wir endlich mal zusammen Krach machen können. Oder wir hätten uns, wie in Becketts »Endspiel«, von Mülleimer zu Mülleimer unterhalten.

Wie gesagt, die Psychoanalytiker hatten lange Zeit Angst vor dir, aber verzage nicht, sie sehen allmählich ein, daß man ihr Verfahren zu deinen Gunsten auch modifizieren kann, und so magst du wieder hoffen.

Da auch der psychoanalytische Weltgeist nicht auf dem allergeradesten Weg vom mythischen Halbdunkel zur strahlenden Helle des freudianischen Abblendlichtes führte, kam es unterwegs zu folgender, manchmal folgenschwerer Konstellation: Nehmen wir an, du kommst aus einer wirklich tief gespaltenen Familie mit einander widersprechenden, gar ausschließenden Loyalitäten und Identifikationen. Nehmen wir zur Erschwerung deines Falles weiter an, deine Mama, an die du dich hauptsächlich hast halten müssen, sei ihrerseits eine reichlich komplizierte Person gewesen, mit schwankenden Stimmungen, kränklich oder sogar selbst schon leicht gespalten, so daß du in verschiedenen Phasen deines Lebens oder sogar mehrmals täglich eine ganz verschiedene Person vorgefunden hättest. Dann hat sich das alles auf deine Psyche ausgewirkt, in der Regel so, daß du ein ziemlich sektorisierter Typ geworden bist, ja, geradezu eine Mosaik-Figur mit fehlenden Teilen, unklarer Gesamtkontur und viel eingetrocknetem Leim, so daß das Ganze nicht einmal einen stabilen Zusammenhalt hat. Möglicherweise fehlt es dir sogar an einer Sache, die in der Psychoanalyse das gleiche Gewicht hat wie im Lebenslauf eines Christenkindes die Taufe: nämlich der Objekt-Konstanz, also der Fähigkeit, dich dauerhaft auf eine oder mehrere Personen zu beziehen. Diesen letzten Zusatz mache ich nur für jene von euch, die sich auch diese allerpeinlichste Mangelerscheinung noch aufgeladen haben. Im Grunde reicht es, wenn du in einer objektkonstanten Familie dich zum Borderline-Typ gemausert hast. Das sage ich nicht ohne Anerkennung, denn deine inneren Spaltungen haben dir geholfen, zu überleben. Es ist eines der Geheimnisse der menschlichen Natur, daß sie auch im fragmentierten Mosaikzustand (Leimknappheit eingeschlossen) überleben kann. Hättest du dich nicht mit der psychischen Axt selber in relativ lose Stücke schlagen können (wie weiland Rumpelstilzchen es durch Fußaufstampfen konnte), so wärst du eingegangen oder inzwischen in einer Anstalt hospitalisiert. Du verdankst also deinen Spaltungen eine ganze Menge, obwohl du in älteren Lehrbüchern noch finden wirst, daß Spaltungen so ziemlich das letzte an Charakterschwäche darstellen. Der Grund: im normalen Umgang und ohne geeignete Spezialwerkzeuge zu deiner Handhabung wirkst du etwas unzuverlässig, schwer greifbar, rasch gekränkt, leicht paranoid, gelegentlich glatt oder chamäleonlike rätselhaft, und darüber hinaus giltst du sowohl als Selbst- wie als Fremd-Anöder. Mitten im Mosaik, dort, wo andere ihren persönlichsten Kirsch- bzw. Pflaumen-Kern haben, gähnt bei dir Leere, zu deren Übertönung du manchmal auch noch ziemlich aufregende Dinge anstellst.

Nun gut, du hast überlebt, und der psychoanalytische Weltgeist fing an, deine Spaltungen in etwas milderem Licht zu sehen. Aber er verlangte als Gegenleistung, daß du zielstrebig an dem Medikament genesen solltest, das er in seiner leicht erschöpflichen Schatzkammer bereithielt: an einer einzigen Person, dem Analytiker, der mit dem Monopolanspruch des alleinverantwortlichen Zusammenleimers auftrat. Dies war nicht ohne Schläue ausgedacht: da die seelischen Einzelteile nur so an dir herumschlottern, solltest du sie *einmal* in deinem Leben im Magnetfeld eines einzigen Menschen (sprich Objektes) ausrichten und neu verkleben, und deine wild durcheinanderpurzelnden inneren Objekt-Fragmente sollten noch einmal im Hochofen einer einzigen, allumfassenden Liebe und Objektbeziehung umgeschmolzen und neu gebündelt werden.

In vielen Fällen hat das auch sehr gut funktioniert, vor allem in den leichteren Fällen von Spaltung, und vor allem dann, wenn sich der Therapeut für das Spaltungsthema interessierte und dich an und mit ihm experimentieren ließ.

Daß es funktionierte, lag also, anders ausgedrückt, daran: Spezialisten haben sich, mit dem Eifer und dem Engagement von Erfindern, wohl auch mit dem Spezialmasochismus von Pionieren, ans Werk gemacht, haben sich fragmentieren und verrückt machen lassen und aus den Bausteinen ihrer eigenen Psyche und mit einem enormen Verknüpfungstalent die Teile neu zusammengesetzt, nachdem sie gelernt hatten, sie erst einmal in sich, und stellvertretend für den Patienten, zusammenzuhalten und die Gründe und Anlässe für den jeweiligen Teilzerfall in sich selbst nachzuerleben. Das braucht eine erhebliche Fähigkeit zum vorübergehenden eigenen Ich-Zerfall, bei gleichzeitiger Gewißheit, daß man am Ende das Gewirr der losen Fäden doch in der Hand behalten kann, treuhänderisch für den Patienten, der zwangsläufig immer wieder den Überblick verliert und seine Überlebenstechniken der Spaltung verzweifelt erst einmal neu inszeniert. Analog der Fraktion von Therapeuten, die sich zu Spezialisten der Widerstands- und Charakteranalyse entwickelt haben – sie gehen, grob gesprochen, davon aus, daß man erst einmal Stein für Stein die Burgmauer abtragen muß, bevor man an die Renovierung der Burg geht –, hat sich nun eine Fraktion der Borderline-Analytiker entwickelt, die davon ausgeht: jede Spaltung muß sofort aufgezeigt und analysiert werden, mit dem Ziel, der Spalterei baldmöglichst ein Ende zu setzen, damit der Patient den Analytiker endlich, wie ein normaler Neurotiker, als kohärentes Objekt erleben und in seine Neurose verwickeln kann. Dies ist bei leichteren bis mittelschweren Spaltungserscheinungen wahrscheinlich auch gut so, rudimentäre Ichkerne vorausgesetzt, oder auch vorausgesetzt, der Patient habe ein ausreichendes Urvertrauen zum Therapeuten, so daß er dessen stellvertretendes Zusammenhalten akzeptieren kann. Aber auch in diesen Fällen bringt das rasche, deutende Bekämpfen der Spaltungen viel Schwerarbeit mit sich, viel Kampf und Stellungskrieg, wahrscheinlich auch überflüssige Anstrengungen durch die monomane Konzentration auf eine einzige Front. Wie bei der Widerstandsanalyse die Betonfacharbeiter, so sind hier vor allem die Schnellkleber am Werk. Der Preis dieser konsequenten Anti-Spaltungs-Kampagne ist oft, daß sich die Spaltungen, nach denen der Patient ja fast süchtig ist, in den Untergrund oder sehr weit nach außen verlagern, bevor sie sich richtig entfalten können, und es kann zu einem Dauerstreit darüber kommen, was nun eine Spaltung ist und was nicht. Oder der therapeutische Dialog gleitet ins Moralisierende ab, weil der Analytiker ja tendenziell erwartet, daß der Patient ihn endlich immer eindeutiger in den Mittelpunkt stellt, während der Patient diese Erwartung wie eine Bedrohung erlebt und entsprechend bockt, Schuld- oder Versagensgefühle entwickelt oder versucht, Nebenkriegsschauplätze zu eröffnen.

Was sich im Augenblick wie ein theoretischer Exkurs anhört, ist nur ein kleiner Umweg, bevor ich mich wieder deinen Gefühlen in der Analyse zuwende, die möglicherweise in einer solchen Anti-Spaltungs-Kampagne steckt, oder in einer Verwirrung oder einem Vorwurfs-Rechtfertigungsclinch.
Nein, bevor ich zu dir zurückkehre, noch eine theoretische Ergänzung: in schwierigeren Fällen der Spaltung war das primäre Objekt (du hast richtig geraten, meistens die Mama) oder die Spaltung in der Familie so unbekömmlich, daß die therapeutische Absicht, der Patient möge sich bald wieder mit all seinen Gefühlen auf eine einzige Person beziehen, im Unbewußten einer seelischen Morddrohung gleichkommt. Mindestens aber fürchtet der Patient, die entsetzlichen Qualen, die mit seiner Aufspaltung verbunden waren, würden sich wiederholen, oder er stünde demnächst erneut vor der Wahl, verrückt zu werden, sich zu verlieren, oder sich eben aufzuspalten. Nun sind Morddrohungen keine geeignete Einladung zu einer Therapie, und trotzdem gehört dies immer noch zur Tagesordnung. Da der Umgang mit Borderline-Patienten in manchen Regionen der analytischen Landschaft noch immer nicht gelehrt wird oder auch als nicht ganz standesgemäß gilt, kommt es immer wieder vor, daß diese Patienten, weil man sie sympathisch findet und nicht wieder wegschicken will, oder weil therapeutischer Masochismus und Sadismus sich wegen ungenügender Diagnostik frei tummeln wollen, in klassische Neurosemuster gezwängt werden. Daß es mir selbst so ergangen ist, habe ich bereits erwähnt: ich fand mich als Lehrbuch-Depression zurechtgemacht wieder (oder habe mich, aus Angst, abgelehnt zu werden, so zurechtgemacht), und ich habe inzwischen Zweit- oder Drittanalysen geführt mit Borderline-Patienten, die einige Jahre ihr Seelenheil als Zwangsneurotiker oder Depressiv-Gehemmte suchten.
Soweit ihre Fügsamkeit reichte, haben sie auch redlich versucht, mit ihrer einseitigen oder falschen Identität zurecht-

zukommen und ihre Spaltungen, für den Analytiker oft schwer zu entziffern, im privaten Umland inszeniert.
Nun zurück zu dir auf der Couch oder auf dem Stuhl: Du spürst im Verlauf der Analyse immer wieder das starke Bedürfnis, andere Personen als deinen Analytiker zu bewundern, ein großes Quantum deiner libidinösen Energie direkt neben oder auch weit weg vom Therapeuten unterzubringen, du fühlst dich angezogen von der Analyse widersprechenden Meinungen und Ideologien, du suchst nach alternativen Theorien über dich selbst oder versuchst, mit anderen Therapeuten in Kontakt zu kommen; du entwickelst Geheimbereiche deines Lebens oder haltst den Analytiker aus ganzen Landstrichen deines Daseins heraus, teils wie aus Unachtsamkeit, teils mit den scheinbar plausibelsten Erklärungen. Falls er ein Monopolist und Anti-Spaltungskämpfer ist, liegt ihr darüber wahrscheinlich längst im Streit oder im Spiel, denn es muß ja nicht immer bierernst verhandelt werden: dein Charme, auf den er gerne eingeht, verhütet vielleicht wirklich allzu schmerzhafte Reibungen.
Nun kommt es – falls du ernsthafte Bedenken hast, ob die Analyse dir noch bekommt (du weißt ja: nur über solche Situationen schreibe ich) – darauf an, ob du das Gefühl hast, all diese Spaltungen stoßen auf humorlose Griesgrämigkeit, auf antispalterische Dauerdeutungen, auf langmütiges, aber letztlich doch zielstrebig die Beendigung ansteuerndes Gewährenlassen, oder gar auf Abwertung deiner Alternativen, Liebschaften, Idole, Sondertheologien und therapeutischen Nebenjobs. Dann wird die Preisgabe der Spaltungen zu einer pädagogischen Veranstaltung, und ihr seid in einer Sackgasse. In guten Fällen kannst du dich natürlich mit seiner behutsam deutenden Art verbünden, sobald du ihn als Helfer beim Aufspüren von Spaltungen erleben kannst, auf die du mit seiner Hilfe schon zu verzichten vermagst. Es kann dann durchaus (eine bereits erreichte oder von dir schon mitgebrachte Basissolidarität vorausgesetzt) zu einer gemeinsamen kriminalistischen Freude am Aufspüren des Spaltungs-

teufels kommen; du ahnst längst selbst, daß du ein Spiel treibst, und gerätst nicht mehr in Panik, wenn du ein Stück Wut endlich auf ihn übertragen kannst, statt sie dauernd und aus zunehmend groteskeren Anlässen deinem Chef anzuhängen. Oder du mußt doch ab und zu einfach lachen, wenn du immer wieder Therapeuten, Professoren oder sonstige Kulturschaffende toll findest, die haarscharf neben der vermuteten Grundlinie deines Analytikers liegen. Das langsame Einziehen von Spaltungen kann ein ernsthafter Kampf und ein faszinierendes gemeinsames Spiel sein, das ab und zu zu lautem gemeinsamem Lachen Anlaß gibt.
Im ernsteren Fall wiederholt der pädagogische Wille, der sich einschleicht, partiell die frühere Todesdrohung.
Du brauchst die Spaltung, und es geht weder um Verzicht, noch um Einsicht, noch um Geschenke an den Analytiker, noch um dir abgezwungene Reifung, sondern es geht darum, ob du sie zunächst einmal haben und entfalten darfst, jenseits eines zusammenklebenden Monopolanspruchs. Wenn es nicht in jedem Menschen ein tief verwurzeltes Bedürfnis gäbe, das eigene Seelenleben wieder zu vereinheitlichen, dann könntet ihr ohnehin aufgeben. Manche nennen es einen inneren »Organisator«, also eine angeborene Tendenz zur organischen Gliederung. Zwang erzeugt Trotz oder Fluchtbewegungen, und sei es auch nur phantasierter Zwang. Es kommt also darauf an, ob dein Analytiker dir die Deutung gibt, du wollest ihn eifersüchtig machen (was bei einem reinen Beziehungskonflikt mit mehreren Personen, vor allem auf einem ödipalen Niveau, sehr gut sein kann), oder neidisch, oder ihn entwerten (was alles sein kann, aber im Falle der Spaltung nicht dein primäres Ziel ist). Wahrscheinlich versuchst du herauszufinden, ob er dir Lebensbereiche, Ziele, Ideale, Personen gönnen kann, die zunächst nicht seiner Kontrolle und Kontrollabsicht, auch nicht seinem Verständnis unterstehen, sondern die in diesem Stadium unabdingbare Bausteine deiner Autonomie, ja deines Überlebens sind. Das Verrückte ist, daß die (immer als negativ erlebte,

weil ein negatives Ziel voraussetzende) Eifersuchts- oder Neid- oder Entwertungsdeutung meistens dann kommt und dir vieles kaputtschlägt, wenn du gerade versuchst, durch erzählendes Berichten über anderswo Erlebtes die erste Brücke zu ihm und damit über eine äußerste Kluft der Spaltung zu legen. Deutungen auf einer falschen Ebene, auf dem falschen Stockwerk, richten hier erheblichen Flurschaden an, vor allem, weil sie deine Motive anzweifeln oder in ein schiefes, wenn nicht schäbiges Licht stellen. Aktive Schäbigkeiten, wenn man sie als solche bezeichnen will, gehören in einen andern Bereich, nämlich dorthin, wo man schon ein zielgerichtetes Bestreben hat, eine Person, aus welchen Gründen auch immer, mit Wut, Rache, Kränkung zu treffen. Natürlich vermischt sich hier vieles, die Ebenen sind nicht immer klar zu trennen. Auf jeden Fall, wenn du selbst, wahrscheinlich dir zunächst vollkommen unbewußt, an einer Milderung der existentiell bedrohlichen Spaltungen arbeitest, dann vollzieht es sich real oft so, daß du erzählst, wie toll es bei andern war. Das ist für deine Verhältnisse schon ein großer Vertrauensbeweis. Du sondierst, ob es für Teile von dir, die du noch in der Fremde deponiert hast, in der (möglichen) Heimat schon einen Platz oder einen Aufbewahrungsort gibt. Denn selbst wenn du erzählst, ist noch lange nicht klar, ob du das Material zur Disposition der Analyse stellst oder es erst einmal ruhig aufbewahrt wissen willst.
Wenn dies ein Therapeut nicht so gut versteht, fühlt er sich oft überflüssig, ausgetrickst, entwertet, mißbraucht oder verachtet. Wenn du selbst es durchschaust, kannst du ihn beruhigen und ihm mitteilen, wozu du ihn brauchst. Die größte Sehnsucht manches Therapeuten, nämlich dich neu zu erschaffen, findet bei dir am wenigsten Befriedigung. Du mußtest ja früher so vieles vielen Menschen gegenüber verschweigen, die Freuden mit der Mutter vor dem Vater, den Stolz auf den Vater vor der Mutter; oder manche Teile von dir hast du vor anderen Teilen von dir verstecken müssen; keiner wußte, zu deinem Glück, je ganz über dich Bescheid,

du warst ein Meister der Tarnung und des Rollenspiels. Jetzt willst du ausloten, ob er ertragen kann, daß du wanderst, von einem Identitätsfragment zum andern, vom einen Selbstideal zum andern, und deine einzige große Frage ist, ob er dir bei dieser Wanderung und dem immer kohärenter werdenden Bericht wohlwollend und notfalls freundlich kommentierend beisteht. Du darfst vorübergehend ruhig davon ausgehen, daß die Themen Eifersucht, Neid, Entwertungsgefühle möglicherweise *seine* zentralen Themen sind, bis du gelassen genug bist, sie gemeinsam mit ihm in *deinem* Inneren anzuschauen. Zu deinem Schutze brauchst du solche Annahmen vorübergehend, wenn du dich von solchen Deutungen auf ein falsches Gleis geschoben fühlst.
Es kann auch durchaus sein, daß du über längere Zeit die analytische Beziehung nur erträgst mit Hilfe einer starken Nebenübertragung, die dich vor dem gefürchteten Abgrund rettet, in den dich Ausschließlichkeit stürzen würde. Falls er sie dir wegdeuten will, vermutest du mit dem seelischen Recht tiefer Wiederholungsfurcht, daß es dir jetzt an den Kragen geht.
Wenn er zu denen gehört, die nicht gewohnt sind, deine Kompetenz mit einzubeziehen in die Arbeit, indem er immer wieder fragt, was du von ihm brauchst oder was du zu hören wünschst, kannst du zunächst versuchen, dich selbst zu fragen, was du anstelle seiner Deutungen aus tiefster Seele zu hören erhofft hattest. Das ideale Einfühlen in dich selbst ist dir beim Problem der Spaltung oft selbst so tief entfallen, daß du zunächst wie vor einer leeren Wand stehst: »Was sollte ich hören wollen, ich weiß es nicht!« Aber wenn du das Prinzip einmal durchschaut hast, ist es immerhin möglich, ihn einzuführen, falls er fähig und bereit ist, von dir zu lernen oder in deinen klar geäußerten Bedürfnissen eine Hilfe und nicht eine seine eigene überschätzte Kompetenz einschränkende Dreistigkeit zu sehen.
Ein Beispiel, vereinfacht:
du gehst zu einer Wochenendtagung, auf der zum allgemei-

nen Thema auch ein Analytiker einen Vortrag hält, der dir gefällt. Anschließend gehst du noch in seine Arbeitsgruppe und findest manches, was er sagt, vertraut, manches blöd, und einiges einfach Spitze. Du trudelst am Montagmorgen auf die Couch, hast ein bißchen Herzklopfen, redest erst über das Wetter, deine Freundin und die nächste Beurteilung in Studium oder Beruf, und stehst plötzlich unabweisbar vor einem möglichst beiläufig klingenden »übrigens«: jetzt willst du »übrigens« die Katze aus dem Sack lassen und über das Wochenende und deine Gefühle berichten, bist aber schon sehr unsicher, wie du anfängst, vor allem, was die Musik in deiner Stimme angeht. Denn Begeisterung über eine Sache zu äußern, ist das letzte, was dir gelingen würde, schon gar im gleichen Raum mit so einem wie der hinter dir! Also gibst du dich nüchtern und sachlich, aber die Aufregung, die Begeisterung, die Angst, und was es sonst noch an prickelnden Gefühlen gibt, dampfen dir aus den Poren, du schwitzt (oder auch nicht, du bist vielleicht schon viel routinierter oder einfach noch blauäugiger), erzählst die Hälfte dessen, was dich fasziniert hat, und gibst dich jetzt voller Gespanntheit den hinter dir erfolgenden Geräuschen hin.

Alle dir förderlichen und bekömmlichen Varianten möglicher Reaktionen lasse ich jetzt weg, weil ich ein Buch über die Unbekömmlichkeit schreibe, also versuche, dich in einer bereits ziemlich verfahrenen Situation aufzuspüren.

Ich gehe auch davon aus, daß ihr euch nicht in einer Phase befindet, wo du wirklich versuchst, ihn eifersüchtig oder neidisch zu machen, sondern wo es, wie angedeutet, um die Urklüfte in deiner Person geht.

Variante 1, noch humorvoll-freundlich: »Sie sind wohl ein wenig fremdgegangen«. Du hörst den Humor, bist dankbar, und läßt dich fröhlich und ahnungslos auf das Stockwerk Fremdgehen ziehen.

Variante 2, ein wenig ernsthafter: »Sie müssen immer wieder kontrollieren, ob ich recht habe, oder gut für Sie bin.« Du bist ein wenig erschrocken über dich, weil du diese merkwürdige Unart, ja Abart noch immer nicht abgelegt hast. Variante 3, leicht gereizt: »Sie spalten mich immer noch auf in einen entwerteten Teil hier und einen bewunderten Teil dort.« Du hast jetzt zehn Gefühle auf einmal: Widerwillen, Wut, Hoffnung, die Deutung bringe etwas, Schuldgefühl, Fadheit, Enttäuschung, und eine masochistische Freude, daß er dich, wie du meinst, erwischt hat. Nehmen wir nur die Schuldgefühle; du hörst, ob du es willst oder nicht: »Noch immer und immer wieder müssen Sie mir etwas Schlechtes antun, und andere kriegen Ihre guten, aber so einseitigen Seiten zu sehen.« Du fühlst dich schlecht und sagst dir: »Er ist kränkbar, und du hast eine wunde Stelle erwischt, also meide solche Berichte.«

Variante 4, schon leicht destruktiv: er entwertet, subtil oder offen, den von dir Bewunderten oder Geliebten (wahllose Beispiele: »Der kommt auch mit seinem Größenwahn nicht zurecht«, »Der muß auch auf allen Hochzeiten tanzen«, »Dem fällt doch zu allem etwas ein«, »Ich glaube, der ist jetzt zum dritten Mal verheiratet«, »Der braucht einfach exzentrische Theorien«, usw.). Du staunst über das Ausmaß deiner Enttäuschung, willst solche Reaktionen (von ihm) gar nicht recht wahrhaben, hast aber Mühe, weiterzusprechen, ja zu atmen, und bist einige Tage ziemlich verstimmt. Der Bereich dessen, was du an Themen in Zukunft vermeidest, weitet sich aus, die Spaltungen rücken immer weiter aus dem Zentrum eurer Analyse heraus.

Variante 5, holzhammerartig: »Wann fangen Sie endlich an, auf mich eine anständige und analysierbare Übertragung zu entwickeln, Sie weichen immer aus!« Dabei hast du ja die Übertragung: du inszenierst vor ihm und für ihn deine Spaltungen und hoffst, er kennt die lockeren Maschen, die du brauchst, um in dir etwas wieder zusammenzuhäkeln. Er aber erkennt die Übertragungsform nicht, interpretiert mäkelnd, weil er seine Entwertungsgefühle nicht kreativ verwenden kann, und schreitet zu in Deutungen verpackten Strafmaßnahmen. Natürlich ist es kein Honigschlecken, vor-

übergehend der Mülleimer zu sein für die Daseinsreste, die du ihm bislang anvertrauen kannst. Aber Mülleimer-Patienten brauchen vorübergehend Mülleimer-Therapeuten. Falls er es nicht mehr aushält, soll er es offen sagen: »Ich fühle mich so stark entwertet, daß es mir weh tut«, und nicht seine realen Gefühle des Nicht-mehr-Könnens in aggressiv getönte Deutungen mengen. Du brauchst nämlich sogar seine ganz einfachen, authentischen menschlichen Reaktionen, weil du oft gar nicht weißt, was du anderen Menschen antust. Aua-Schreien gehört nicht zum klassischen Kanon analytischer Reaktionen, doch leider brauchst du ein paar kleinere, aber echte Abweichungen. Sonst spürst du eine schleichende Verschlechterung des Klimas, eine zunehmend falsche und in der Tiefe gereizt klingende Freundlichkeit, die dich desorientiert, und eines Tages kommen dann, unverhofft, die wirklich schweren Hämmer, wenn er die Fassade nämlich fallen läßt und seinem lang angestauten Groll in härtesten Deutungen freien Lauf läßt. Er hat, aus Unbeholfenheit oder mangelnder Echtheit, seine Psychohygiene viel zu lange vernachlässigt – oder du hast auch zu wenig aufgepaßt –, und irgendwann kommt dann der Erdrutsch. Wenn er dir nicht ab und zu sagt, daß du ihm gewaltig auf die Nerven gehst, daß du ihm weh tust, daß du ihn treffen kannst, dann verschweigt er zu viel Elementares, du taumelst im Nebel einer falschen freundlichen Neutralität, und er stellt dir nicht seine Gefühle zu deiner Verfügung, damit du spüren kannst, was du tust, sagst, anstrebst oder gar nicht willst.
Spaltungen brauchen ein sehr, sehr geduldiges Locken, vor allem aber stetiges Anerkennen dessen, was du anderswo leistest oder findest. Er muß spüren, daß Berichte über ferne Feste oft Geschenke sind. Deine Einzelteile stehen oft nur noch in telefonischem Kontakt miteinander, er aber in der Zentrale, wenn er mithören kann und keine Leitungen kappt, kommt in die phantastische Lage, dich skizzenhaft zusammenzusetzen oder dir mindestens den Raum dafür anzubieten, weil er allmählich ahnt, wo überall Teile von dir

verstreut liegen, wie weit auseinander, und in welchem Verhältnis zueinander. Wenn er dauernd, vorzeitig und andere entwertend der Hauptmagnet sein will, sei vorsichtig, die Sache kann gefährlich werden. Du selbst willst bestimmen, wann er dir unentbehrlich wird. Er muß die Trennlinie finden zwischen Sich-Aufdrängen, Sich-Anbieten und Sich-geduldig-Bereithalten, Allzu-neutral-Werden oder gar Sich-gekränkt-Zurückziehen. Aber wenn er sie nicht findet, kannst du ihm auch dabei helfen.
Die noch archaischeren Spaltungen, bei denen du nicht verschiedene Personen mit verschiedenen Farben und Funktionen behängst, sondern verschiedene Aspekte seiner Person, oder seines Zimmers, seiner Umgebung, seines Namens, lasse ich hier beiseite. Wenn du solches hauptberuflich machst, umweht dich bereits ein Hauch von Verrücktheit, aber das macht nichts, damit kannst du *auch* verstanden und wieder aufgefunden und, soweit erwünscht, zurückgeholt werden unter die sogenannten Normalen. Diese Formen der Spaltung behandle ich hier deshalb so beiläufig (nicht daß ich sie nicht für wichtig hielte), weil sie meiner Meinung nach nicht katastrophenträchtig sind: erstens haben viele Therapeuten, die sich mit Patienten mit psychotischen Anteilen beschäftigen, ohnedies eine besondere Neigung zu Vorsicht und Einfühlung, und zweitens hebt es einen Analytiker – vorausgesetzt, er ahnt, was bei dir los ist –, nicht so leicht aus dem Stuhl, wenn du mit seinem Auto oder seinem Namen oder mit seinem Phantasie-Doppelgänger einen intensiven Flirt oder Kampf aufnimmst, als wenn du es mit einer realen anderen Person tust: denn damit spaltest du ganze Personen wieder in Personen, die wie Personen aussehen, nur unterschiedliche Eigenschaften haben; bei der archaischen Form spaltest du seine Person in Einzelteile oder Einzelfunktionen – natürlich auch mit dem Ziel, sie wieder zusammenzuflikken –, aber wie gesagt, auf sein Auto oder seine Couch ist er nicht so leicht eifersüchtig wie auf eine Person. Immerhin gehörst du vielleicht zu denen, die einen Doppel-Therapeu-

ten haben: den während der Stunden, der angenehme und unangenehme Seiten hat, und deinen Phantasie-Analytiker, den du wie den Geist in der Flasche mit dir tragen kannst, allzeit abrufbar, wohl ausgeschmückt mit edlen oder schmusigen Eigenschaften in deiner trostbedürftigen Phantasie, sozusagen ein Teddybär, der dir beim Einschlafen das Händchen hält und dir morgens gleich ein Kännchen Kaba ans Bett bringt (falls du dein Phantasieprodukt nicht sogar erotisierst und ihn dir mit ins Bett legst). Also: du spaltest in Realitäts- und Phantasiegestalten, und diese Spaltung kann zäh und dauerhaft sein, auch für den Therapeuten enervierend, weil du ihn auf diese Weise heimlich in die Tasche steckst. Aber irgendwann wirst du's gestehen, und dann stoßt ihr auf deine schlimmen und deine herrlichen Kinderzeiten, wo du inmitten der traurigen Wirklichkeit dich in einen Winkel zurückziehen konntest zum Träumen, und dann war Mami immer ganz lieb und Papi hatte immer Zeit zum Schmusen, oder du hast dir gar andere Eltern herbeiphantasiert und warst mucksmäuschenstill, damit dich keiner stört. Diese Art der Spaltung steht am Übergang von der einen zur anderen Technik, und wenn er es nicht versteht, mußt du es ihm geduldig erklären – auch, was du von ihm brauchst an Kommentaren wie an innerer Einstellung; wenn das auch nichts hilft, bist du arm dran, dann ist Trennen vielleicht besser als Spalten. Falls er deine heimlichen Tagträume und Phantasien und ihre Funktion nicht versteht oder akzeptiert, bleibst du auf deiner alten Überlebenstechnik sitzen und findest die Wirklichkeit auch in anderen Bereichen grau und unzumutbar.

Denk an das Sprichwort: »Frisch gespalt' ist halb gesponnen«, und wandle es entsprechend für dich ab, je nach deiner Grundstimmung: du spinnst *bereits halb* (oh weh, höchste Gefahr), oder: du spinnst *erst halb* (alles in Ordnung), und prüfe, ob er mit deiner Spalterei umgehen kann oder nicht. Falls nicht, leg die Axt zwischen euch und nicht zwischen deine Seelenteile.

## *Das Triangel im Oberstübchen oder Du und die anderen*

Ein oder zwei Stockwerke über den frühen seelischen Spaltungen liegen, durchaus dazugehörig, die Probleme der frühen und der späteren Triangulierung zwischen Vater und Mutter, auch zwischen den Eltern und Geschwistern. Irgendwann gegen Ende des ersten Lebensjahres, vielleicht auch schon früher, begreift das Kind, das in der Regel mit der Mutter eng verschmolzen ist und dem die Mutter die Welt bedeutet, daß es da noch ein drittes Gesicht, einen dritten Körper, eine dritte Stimme, einen dritten Geruch, einen dritten Willen gibt, kurz: den Vater. Im Idealfall ist er ein großartiges personales Zusatzangebot inmitten der noch sehr undeutlich wahrgenommenen gesamten Weltbevölkerung. Dann hat das Kind zwei Beschützer, Teddybären, Breieinflößer und Windelwechsler. Ich hoffe, du gehörst zu den solchermaßen doppelt Beglückten im Leben, und die beiden sind auch in deinen späteren Kinderjahren psychisch einigermaßen auf dem Teppich geblieben, dann liest du dieses Büchlein nur so zum Spaß.

Es kann dir aber auch so gegangen sein, daß die beiden sich nicht gut verstanden haben, ja, daß sie besser gar nicht geheiratet oder wenigstens, wenn sie das schon getan haben, dich nicht leichtfertig in die Welt gesetzt hätten. Aber dann wärst du ja gar nicht da, und meiner Meinung nach wäre das schade, selbst wenn du manchmal meinst, du seist überflüssig auf der Welt. Du kannst aber auch das Gefühl haben, oder die Eltern können es gehabt haben, die Familie sei eigentlich ganz in Ordnung gewesen, jedenfalls sei es den Nachbarn und der Verwandtschaft so erschienen. Nur im Untergrund war allerlei Unverträglichkeit, und obwohl nie darüber gesprochen wurde: du hast es mitgekriegt und mußt es nun ausbaden.

Wenn sich halbwegs normale Eltern gut verstehen, bist du trotzdem in viele Konfliktsituationen geraten; auch normale Mütter sind komplizierte Geschöpfe und verwickeln dich sowohl in ihre Erziehungsbemühungen wie in ihre neurotischen Reaktionen, und in diesen unvermeidlichen Clinchs mit der Mutter brauchst du manchmal den Vater, der sagt: »Was streitet ihr denn schon wieder herum, laß doch den Kleinen mal im Dreck spielen, davon stirbt er nicht.« Dann bist du ihm dankbar, hoffst aber auch, daß er Mami nicht grundsätzlich für doof hält. Dafür mußt du allerdings in Kauf nehmen, daß er dich am späten Abend, wenn du, statt ins Bett zu gehen, ziemlichen Zirkus machst, mal anschreit und sagt: »Nun laß endlich die Mama in Ruhe, und schmier ihr nicht dauernd die Marmelade in die Gardinen, sonst kracht's.« Ohne dieses liebevolle Donnerwort hättest du Mami vielleicht noch eine gute Stunde beschäftigen können; Pech gehabt, daß die beiden nachher noch in die Sauna wollen oder zu Nachbars um die Ecke, oder einfach vor den Fernseher. Dafür darfst du dich dann auch mal wieder beim einen über den andern beklagen, und der dreht nicht durch, sondern repariert eure Beziehung, weil er euch beide mag. Verstehst du jetzt, was das Triangel im Oberstübchen bedeutet? Das kann sehr wonnig sein und sehr schmerzhaft, Reichtum oder Elend, falls du diese pathetischen Worte schon verstehst. Ein Beispiel: du bist gewohnt, daß Papi oder Mami sich mit dir manchmal in die Badewanne setzt. Jetzt beschließen die eines Tages tatsächlich, zusammen in die Badewanne zu steigen, und du sollst dein Mittagsschläfchen halten. Du drehst fast durch und kriegst kein Auge zu: das gibt's doch nicht, die beiden zusammen in der Wanne und du auf dem Trockenen! Auch wenn du schreist, die plätschern einfach weiter! Die ganze Veranstaltung führt unmittelbar zum Ödipuskomplex, da ist nun nichts mehr zu machen, ich kann dich höchstens damit trösten, daß es dabei bereits um sehr reife Formen der Spaltung geht, mit deren Nöten auch relativ konservative Therapeuten, wenn du sie dann später aufsuchst, ganz gut zurechtkommen. Wahrscheinlich entwickelst du, wenn du das Ganze, weil es dich so indigniert, solide verdrängst, eine klassische Hysterie, und damit bist du in der Welt überall willkommen. Warum beklagst du dich eigentlich?

Und nun stell dir einmal die gewaltig schwere Aufgabe vor: des Menschen Schicksal ist die Triangulierung, einfach, weil es auf der Welt Männer *und* Frauen, dazu den lieben Gott, Geschwister, Lehrer, Politiker, Polizisten, Nachbarn usw. gibt, aber auch Gesetze, Bräuche oder die Straßenverkehrsordnung. Alle verwickeln dich in Situationen, wo du es nicht nur, psychisch gesprochen, wie Parzifal mit einer ledigen Mutter zu tun hast, oder wenigstens mit einer alleinerziehenden. Das heißt, du bist nicht überall auf der Welt der angebetete, sogenannte dyadische Prinzgemahl, sondern stößt auf andere Prinzen und Prinzessinnen, auf Rivalen und auf Moral. Peng. Hoffentlich schaffst du's trotzdem. Oder aber du schleichst dich als Fehltriangulierter zum Psychotherapeuten. Hoffentlich schaffst du's wenigstens dort. Immerhin mache ich mir Sorgen. Denn nicht alle von denen sind Triangulierungskünstler. Manch einer meint, du brauchst hauptsächlich mal eine gute Mami im Leben, dann wird auch aus dir noch was. Oder er schlägt sich auf die Seite der Väterwelt und spöttelt freundlich oder unfreundlich über deine ewige Daumenlutscherei und beruft sich dabei noch auf Freud, der sagte, Mutterübertragungen seien ihm sowieso zuwider gewesen.

Du brauchst aber beides, oder vielmehr (daß es für Entgangenes keinen Ersatz und keine Entschädigung gibt, hast du vielleicht schon kapiert, wenn auch noch nicht betrauert und »durchgearbeitet«): du solltest die Konfliktsituationen mit beiden (einzeln und im Dreieck) wiederbeleben können. Es wird dir einleuchten, daß dies, angesichts der verwickelten Verhältnisse im Seelenkompost deiner Familie, mit einem einzigen Therapeuten ein kompliziertes Programm ist. Denn nicht nur hast du dir allerlei Verdunkelungstechniken zugelegt – angesichts der Durchtriebenheit deiner Abwehrtechniken ist die bloße Verdrängung und deren Aufhellung ja kaum mehr als eine Schnitzeljagd für die ersten Pfadfinder-Ferien –, sondern du schiebst noch Nebenfiguren auf die Bühne: sobald es wirklich gräßlich wird, greifst du in der Not zu einer Oma, einem Onkel, einem Lehrer oder einem großen oder kleinen Bruder – und bringst sie alle in die Übertragung –, und ganz schlimme und brüchige Stellen in deiner inneren Wohnung hast du möglicherweise noch mit synthetischer Gottesfarbe einfach überstrichen (daß das bei exzessivem Auftragen umweltschädlich ist, weißt du hoffentlich). Kurz und gut, du produzierst – und wiederum hat es etwas mit deinen frühen Überlebenskünsten zu tun – Übertragungssalat, und dabei schwärmt dein Therapeut vielleicht gar nicht für nouvelle cuisine, sondern für ein gediegenes ödipales Rahmhacksteak, auch »falscher Hase« genannt. Merkwürdigerweise geht aber die Entwirrung in den meisten Analysen doch noch gut vonstatten, weil der Therapeut ja in der Regel mit einem lange geschulten Spürsinn für deine Tarnkünste ausgestattet ist, weil er sich in deinen Widerständen auskennt, auch weil du freiwillig aus Genesungsgründen ab und zu einen erhellenden Hinweis gibst oder einen konstruktiven Traum produzierst – auf jeden Fall, es funktioniert, und er läßt sich, wie ein geduldiger Kleiderständer, den ganzen Tag mit deinen vielfältigen Übertragungsklamotten behängen und sortiert sie geduldig, so daß er am Abend oft nicht mehr genau weiß, wie er heißt. Seine Frau (oder ihr Mann) oder sonstwer tätschelt ihn dann, so Gott will, für den nächsten Tag wieder zu seiner Rest-Identität zurück, und dann kannst du von neuem loslegen. Gelegentlich träumt er auch von dir, vor allem in Notzeiten, und das will schon was heißen, wenn du es mit deiner Kompliziertheit schaffst, ihn in Form eines Alptraums heimzusuchen. Als wirklicher Profi verwendet er aber selbst diese Belästigung zu deinen Gunsten: er analysiert nämlich den Traum, und der Bielefelder Psychoanalytiker Ralf Zwiebel gibt ihm dabei neuerdings in seinen Aufsätzen (»Der Psychoanalytiker träumt von seinem Patienten«) fachkundige Dechiffrierhilfe. Der Therapeut ist nebenbei auch geschult, Parallel- oder Zopfmuster-Übertragungen zu sortieren, und er ist trainiert in einer bestimmten Form der Rollenspaltung, die ihm erlaubt, wenn du mit ihm als Mutterfigur gerade im Clinch liegst, seine väterlichen Anteile zu mobilisieren und euch aus dem Dyaden-Murks wieder auf den Boden des Verständlichen zu holen. Gelegentlich kann er sich euer schlimmes Dreiecksverhältnis sogar aus gelassener Großvaterperspektive anschauen, schüttelt den Kopf und brummt ein paar rettende Weisheiten aus längst vergangener Zeit. Oder er ist sogar in der Lage, sich vorübergehend in deine Rolle als verängstigtes oder bösartiges Kind zu versetzen, dann kommst du dir plötzlich mit ihm vor wie deine eigene durchgedrehte Mami, die ihren Kleinen verhauen möchte. Ja, all solche Kunststückchen zu deiner Rettung darfst du als König Kunde heute auf dem Psycho-Markt erwarten. Aber: deine Neurose kann wirklich sehr kompliziert sein, und/oder er hat einige blinde Flecken, und/oder deine Rollenzuschiebungen sind sehr drängend, dein Wiederholungs- und Inszenierungszwang sehr mächtig: dann wiederholt ihr zusammen eine frühe Szene, ohne es zu merken, und auf einem begrifflich verdrehteren Niveau setzt ihr einfach deine frühen Familienkonversationen fort. Wenn's nicht so tragisch und oft ausweglos wäre, würde ich es den analytischen Dauer-Fasching nennen, wo keiner mehr weiß, wer der andere ist, und beide strampeln und fangen in ihrer beginnenden Panik an, wirklich zuzuschlagen, die ganzen eingemotteten Vorwürfe auszupacken oder in eine solide folie-à-deux zu emigrieren (letzteres heißt, daß ihr jetzt beide spinnt, so wuchtig bist *du* oder so anfällig war *er)*. Praktisch gleicht er ja inmitten deiner gesammelten Unarten einem alleinerziehenden Elternteil, der jetzt die Suppe mit dir allein auslöffeln soll. Das kann dich, das kann aber auch ihn überfordern und ist katastrophenträchtig. Wenn er schlau ist und einem Kollegen vertraut, nimmt er Supervision, d. h. er läßt sich beraten. Wenn's gut geht, merkst du gar nichts davon, es ist, wie wenn deine Mami früher beiläufig die Freundin gefragt hat, was sie machen soll, wenn du, gegen ihren Rat oder Befehl, immer wieder auf die Balkonbrüstung gestiegen bist und die Leute angespuckt hast. Wenn's schlimmer war, ist sie mal in die Erziehungsberatung gegangen, und auch davon hast du kaum etwas mitgekriegt. Ihr habt die Krise überstanden, Papa hat mit dir gemeinsames Kirschkern-Spucken veranstaltet und dich mal öfter wieder auf den Schultern herumgetragen. Und schließlich bist du auch ohne Balkon-Spucken eine bedeutende Persönlichkeit geworden. Das sind die gutartigen Verläufe, zu Hause und auf der Couch.

Mein Thema sind die nicht-gutartigen Verläufe in vielen Psychotherapien und Analysen. Wie viele es sind, weiß kein Mensch, es gibt darüber kaum Forschung, und ich schätze, die Dunkelziffer ist hoch, auch wenn längst nicht alle katastrophal enden, sondern fad, schal oder zeternd wie mißlungene Liebschaften, wozu ja meist beide Seiten beitragen.

Die Möglichkeit der Supervision habe ich mehrfach erwähnt, ebenso deine Möglichkeit, heimlich oder offen bei einem anderen Therapeuten Rat oder Raum für Klärung zu suchen, falls du ihn findest. Eine weitere Perspektive ist folgende, und auch sie ist natürlich doppel- oder sogar mehrgesichtig: In den allermeisten Städten findest du heutzutage einmalige oder auch längerfristige Gruppenangebote. In einer gutlaufenden Therapie oder Analyse brauchst du das entweder gar nicht wahrzunehmen, oder du hast in einem fortgeschrittenen Stadium einfach das Bedürfnis, dich weiterzubilden, dich einer neuen Erfahrung auszusetzen, ein Geschwisterproblem anzugehen oder einfach alternative Entfaltungsmöglichkeiten zu suchen. Du kannst es in vollem Einverständnis mit deinem Therapeuten tun, weil er sich vielleicht freut, daß du dich jetzt mutiger unter Menschen, auch hinsichtlich therapeutischer Selbsterfahrung, bewegst. Ihr freut euch beide über die Bereicherung. Oder du tust es trotz seines Stirnrunzelns oder sogar gegen seinen Rat. Dann kann es trotzdem eine gute Erfahrung werden, wenn du das Erlebte einbringen und die Therapie um wichtige Aspekte bereichern kannst. Oder aber: du bist mit ihm wirklich in einem Dreieckskonflikt, und ihr müßt halt zusammen herausfinden, ob und warum du ihn ärgern, austricksen, kontrollieren, eifersüchtig machen usw. willst. Je gelassener er damit umgeht, desto schneller findest du, mit seinen wohlwollenden Deutungen, zu deinem eigenen Kurs, verzichtest oder machst weiter, denn du willst ja auch allmählich selbst herausfinden, was für dich gut ist und was nicht. Die Seitensprung-Literatur in Liebe und Ehe ist reich. Treue kann gut und wichtig sein, aber nicht jede bereichernde Erfahrung (man muß ja nicht unbedingt gleich ins Bett gehen) ist Treulosigkeit. Eine tapfer durchgestandene Einzeltherapie ohne Schlenker und Kurven mag eine ideale Erfahrung sein. Eine Einzeltherapie, in die gelegentliche Gruppenerfahrungen eingebettet sind, ebenso. Aus meiner Sicht neige ich eher dem zweiten zu, das kommt zum Teil sicher daher, daß ich eine monopolistische Mutter, einen monopolistischen Hauptanalytiker, eine zuviel Loyalität fordernde Familie und eine eher dogmatische analytische Ausbildung hatte. Trotzdem wischen diese Privatmotive nicht den Reichtum an Erfahrungen anderswo beiseite, den ich in günstigen Phasen auch durchaus in Analyse und Therapie aufarbeiten konnte. Was Trotz, Neugier, Lust an der Grenzüberschreitung, Notwehr oder Überlebensstrategie war oder nicht, will ich nicht auseinanderdividieren, auch nicht, ob ich zur monopolistischen Analyse überhaupt fähig war.

Was in guten Therapien Bereicherung, Ergänzung, gelegentlich Überprüfung oder leichte Kursänderung sein kann, wird aber in stagnierenden, leeren oder gar destruktiv verlaufenden Therapien oft zu schierer Notwendigkeit, und du darfst dir auch (selbst wenn der Therapeut es nicht mehr glaubt), solange du noch Hoffnung, einen Rest Sympathie und den Wunsch hast, eure Therapie möge doch noch gelingen, wirklich sagen, daß du »spaltest« zu *deiner* oder *eurer* Rettung, Wiederbelebung, Anregung, Kontrolle, Enteisung oder Versöhnung. Deine Motive mußt du, solange es geht, mit seiner Hilfe, selbst analysieren. Aber die verzweifelten Anstrengungen, die Kinder oft unternehmen, um zu ihren Eltern trotz deren vorübergehender oder dauernder seelischer Behinderung doch noch ein erträgliches Verhältnis herzustellen, haben mich überzeugt, daß auch bei vielen verzweifelten Patienten die »Seitensprünge« oder sogar therapeutischen Nebenbeziehungen noch Versuche sein können, die Katastrophe zu verhindern, selbst wenn es dem Therapeuten so vorkommt, als sei gerade die »Untreue« der Beginn der Katastrophe.

Es gibt eine Menge von Konstellationen, wo eine ausschließliche Einpersonenbeziehung in Therapie und Analyse es fast unmöglich macht, hinter die dicksten frühen Konflikte oder Mangellagen mit deiner Mutter oder Ersatzmutter und der Familie zu kommen. Und zwar einfach deshalb, weil du in eine kumulative Übertragung geraten kannst, wo dir das »Arbeitsbündnis« verlorengeht, das Grundvertrauen, daß er mit dir durchhält, daß er's gut mit dir meint oder dich überhaupt noch versteht. Es sind Konstellationen, die aufgrund einer Häufung von Beziehungsschwierigkeiten – als Baby oder Kleinkind hattest du sie mit der Mutter – deshalb so gravierend geworden sind, weil es entweder keinen Dolmetscher zwischen euch gab, oder (da du ja nicht bereits sprachgewaltig auf die Welt gekommen bist) wo die Mutter keine emotionale Stütze in einem *Dritten* hatte, sei es der Vater, Freunde, Familie, oder auch ein inneres »Objekt«, also eine haltgebende innere Gestalt, so daß sie ihrer Verwirrung, Krankheit, Angst auf der einen Seite und deinen Ansprüchen nach Aufmerksamkeit, Einfühlung und Zuneigung auf der anderen hilflos ausgeliefert war. Kommen dabei noch abrupte oder schleichende Trennungen von dieser deiner Hauptperson (oder deinen Hauptpersonen) vor, so gerätst du leicht, bei anstehender

Wiederholung dieser Dinge in der Therapie, in Panik oder zerrst den Analytiker in eine dyadische Verrücktheit, bei der ihm möglicherweise seine eigenen Rückgriffsmöglichkeiten auf einen Dritten (Supervision, Partner, gute innere Objekte oder ausreichendes Training) abhanden kommen. Falls er den Zugang zu »Dritten« also selber verliert, kann es notwendig werden, daß *du* den Dritten suchst; wie gesagt, in sehr unbekömmlichen Notlagen, später vielleicht auch, weil es dir einfach hilft, dem Therapeuten gegenüber klarere Konturen zu gewinnen und nicht ausschließlich, und mit den oft damit verbundenen Orientierungsmängeln, sein »Geschöpf« zu sein. Bei besser konturierter Grundstruktur und einigen Ansätzen zur Triangulierung in deiner Seele reichen oft auch die spontan entstehenden Lebenssituationen, bei denen du dich in Dreiecksverhältnisse verwikkelst, als Material für die Analyse, aber wie gesagt: nicht immer. Es gibt zum Beispiel zwischen Mutter und Kind seelische Vergiftungszustände oder Überfremdungs-, Verlassenheits- oder Ausbeutungsverhältnisse, deren Wiederholungswucht dich oder euch so ergreifen, daß die dyadische Therapie schiefgeht. Dann erlebst du, ob real oder in deiner verzerrenden Wahrnehmung, noch einmal Vergiftung, Überfremdung, extreme Verlassenheitsangst oder Auslöschungspanik, und du brauchst einen weiteren Halt oder wenigstens eine Orientierungsmöglichkeit. Alle Ermahnungen, Vorhaltungen oder auf »Treue« zielenden Deutungen verstärken unter Umständen nur deine Ängste oder deine Blockierungen oder deine Furcht vor einer endgültigen Auslieferung an einen Einzigen, weil sie an jene früher erwähnte seelische Morddrohung anknüpfen.

Bei der Suche nach einer solchen orientierenden, eine verfahrene Situation (hoffentlich) wieder flott machenden alternativen therapeutischen Erfahrung kannst du natürlich, wenn du nicht aufpaßt, vom analytischen Regen unter geschickter Umgehung der Traufe direkt in die therapeutische Jauchegrube fallen, wie uns ein altdeutsches Sprichwort warnt. Das hängt von deiner Art ab, wie du dort den Clinch oder die Verstimmung oder die ausweglose Situation, in der du dich fühlst, schilderst. Wenn du deine Ambivalenz schon etwas zu lange nach der Seite der Verachtung, des Hasses oder wenigstens der geringschätzigen Anklage hast anwachsen lassen und gerätst an einen Therapeuten oder Gruppenleiter, der entweder deinem Therapeuten oder seiner Richtung ebenfalls ambivalent gegenübersteht, dann führt deine passagere Spaltung nicht zu einer Aufhebung der gefährlichen Spaltungsneigung, sondern zu einer Vertiefung, zu Vorurteilsbestätigungen der Schulen untereinander, zu Häme und dem wohlbekannten »Na, das haben wir ja immer schon gewußt, daß der Bursche oder diese Methode doof ist«. Andererseits kannst du diese Lösung wählen, wenn du aus eigener Kraft den dir notwendig scheinenden Bruch nicht schaffst und dir insgeheim vom Seitensprung den Absprung erhoffst.

Falls du noch auf eine wohltuende Aufhellung des Clinchs hoffst, wirst du mit anderer Darstellung und anderen Gefühlen (falls du überhaupt darüber sprichst) an eine alternative oder zusätzliche oder dazwischengeschobene therapeutische Erfahrung herangehen, möglicherweise auch dem Gruppenleiter oder dem alternativen Kollegen sagen, daß du im Clinch bist, aber auf einen positiven Anstoß hoffst, und dann hängt es ganz vom Format dieses Menschen ab, ob du gut landest. Du siehst, die Verantwortung liegt leider schon wieder ganz bei dir. Damit idiotensicher klar wird, was ich, bei positiver Motivation deinerseits, meine, formuliere ich einen Satz, den du beim rettenden Seitensprung ungefähr im Kopf haben könntest: »Ich komme zur Zeit mit meinem Analytiker überhaupt nicht klar und bin verzweifelt, ratlos, skeptisch. Aber ich erhoffe mir so viel Anstoß, daß ich vielleicht dazu beitragen kann, den Kahn wieder in den Strom zu ziehen. Oder ich brauche Ermutigung und Orientierung zu einer neuen Entscheidung.« Dann gehst du aus der Sache wenigstens mit einem Gefühl der Fairneß heraus. Im Idealfall findest du bei diesem Verfahren einen analytisch geschulten oder wenigstens kundigen Gx-Transaktions- oder Psychodrama- oder Gestalt- oder Bioenergetik-Gruppenleiter etc., der dich den Clinch mit dem Therapeuten inszenieren läßt, und dann fällt es dir vielleicht wie Schuppen von den Augen, und du kannst Morgenröte wieder von Abenddämmerung unterscheiden und machst sogar noch in der direkten Begegnung mit Papi oder Mami oder einem anderen miesen Introjekt im Rollenspiel noch eine wichtige und aufhellende Erfahrung.

Falls deine inneren Spaltungen sehr tief gehen und die Dyadentherapie gerät aus diesem Grund ins Schleudern, und zwar ernsthaft, und deine Unsicherheit und Verwirrung wachsen, dann kann es sogar, wenn sich die Spaltungsprobleme mit Triangulierungsproblemen überdecken, günstig oder gar notwendig sein, mindestens vorübergehend Einzel- und Gruppentherapie *zusammen* zu haben, ja sogar zwei Einzeltherapeuten, die sich im Sinne der Triangulierung ergänzen. Dies ist aber echtes Neuland, in der Forschung bisher kaum diskutiert und also auch noch nicht diagnostisch mit den entsprechenden Indikationen verknüpft. Von der Mehrzahl der dyadisch orientierten Therapeuten wird es wohl auch noch abgelehnt oder mit Skepsis betrachtet, weil die meisten in dieser Richtung selbst kaum therapeutische Triangulierungserfahrungen in der eigenen Ausbildung gemacht haben, höchstens in einem zeitlichen Nacheinander, wenn sie zur Ergänzung und Bereicherung ihrer Lehranalyse oder Milderung ihrer Folgen noch andere therapeutische Freuden und Leiden suchten. Im Rahmen von Neurose-Kliniken haben Analytiker zwar bereits ziemlich viel nachgedacht über die kombinierte Anwendung von Einzel- und Gruppentherapie. Ob sich ihre Ergebnisse direkt auf die ambulante Praxis übertragen lassen, bezweifle ich.

Die etablierte Psychoanalyse ignoriert fast alles, was außerhalb ihres eng umgrenzten Settings und außerhalb ihres theoretischen und behandlungstechnischen Wahrnehmungshorizontes an Wissen, Erfahrung, Therapieformen und Entfaltungshilfen inzwischen erarbeitet worden ist. Zugegeben, es ist ein Irrgarten. Die Psychoanalytiker bekommen meistens die mißglückten, beschädigten, angeschlagenen, verwirrten und enttäuschten Patienten aus diesen anderen Settings zu sehen und schließen aus dem Strom der Verwundeten darauf, daß dort hauptsächlich Krieg, Mord, Plünderung und Brandschatzung herrsche. Die Lage wird noch verschlimmert, weil eine Reihe der neueren Therapiepioniere und -theoretiker oft in polemischer Abgrenzung zur Psychoanalyse schreiben und ihre Entdeckungen bombastisch überschätzen und zum neuen Heilswissen hochstilisieren. Umgekehrt landet natürlich auch dort der Strom der Psychoanalyse-Geschädigten, das habe ich bereits erwähnt, und verfestigt die Vorurteile gegen die mind-fucking talking cure (leider nicht übersetzbar). Du bist also auf dem Psychomarkt, falls du nicht genau in ein einziges Setting paßt, der gleichen Szenerie ausgesetzt wie in deiner gespaltenen Familie oder in deinem gespaltenen Innern. Deshalb erfordert die Lage von dir ja, wenn du mit deinem Therapeuten nicht zurecht kommst, so viel verantwortungsvolle Orientierung und prüfendes Wählen, weil du mindestens die äußeren Voraussetzungen für das langsame Aufgeben-Können deiner Spaltungen selbst schaffen mußt. Die zerstrittenen Eltern, Stiefeltern, Onkel, Tanten, Pflegeeltern usw. auf dem Psychomarkt bereiten dir leider keine harmonische Großfamilie. Sie wollen zum Teil voneinander nichts wissen, erklären sich für doof, abartig, illegal, arrogant oder proletarisch, versponnen oder grobschlächtig, und in allem steckt ein Körnchen oder ein Brocken Wahrheit, und du sitzt da und bist verwirrt, und es bleibt dir oft nichts anderes übrig, als Erfahrungen zu sammeln. Der größte Quatsch aber, den du machen kannst, wenn du dich, zum ersten Mal oder bereits beschädigt, auf die Suche nach einem Helfer machst, ist der: nach einer unkommentierten Telefonliste der Krankenkassen, nach dem Branchenverzeichnis, nach Kleinanzeigen in

Psycho-Zeitschriften usw. zu wählen, ohne dich vorher durchzufragen, dir Rat zu holen. Du darfst dich auf dem Psychomarkt, wie gesagt, nicht dümmer anstellen als beim Autokauf oder bei der Wohnungssuche. Und wenn du aus einer Therapie angeschlagen, verletzt oder verwirrt heraustaumelst, hast du noch mehr die Pflicht, nicht gerade wieder irgendwo hineinzutaumeln, wie du es vielleicht beim ersten oder bei den ersten Malen gemacht hast.

Zwischen der gespaltenen Therapieverwandtschaft gibt es genau so viel Mißtrauen und Häme wie unter zerstrittenen Clan-Teilen. Da, wie bei Erbteilungen und der Anmeldung von Legitimitätsansprüchen, es sich meist um einen Kampf um die vorhandenen irdischen Güter, Pfründen und Adelstitel handelt, geht es derzeit auch bei den Institutionskämpfen um formelle Anerkennungen und um viel Krankenkassengeld. Der Trend ist, die ungebärdigen Bastarde der Psychoanalyse draußen vor der Tür zu halten. Teils mag das Verarmungsangst, dynastisches Denken und legalistische Abgrenzungspolitik sein, zum Teil ist es auch verantwortungsvolles Bestehen auf ausreichenden Ausbildungsstandards. Zum andern Teil haben sich die Abkömmlinge der Psychoanalyse und andere neuere Therapieformen ihre offizielle Ächtung selbst zuzuschreiben, weil sie ebenso arrogant oder großmäulig auf den Wissens- und Theorievorrat der Psychoanalyse verzichten und, den neuen Wilden in der Kunst vergleichbar, die das zeichnerische und malerische Grundlagenwissen erst gar nicht mehr zu brauchen meinen, diagnostische und therapeutische Systeme von oft umwerfender Schlichtheit entwickeln. Aber auch innerhalb der Psychoanalyse stößt du bei deiner Suche auf Spaltungen, die denen in deiner Familie kaum nachstehen. Es hilft dir nichts: wenn du ein »Spalti« bist und es klemmt, vielleicht sogar aus diesem Grund, in deiner Therapie, dann bleibt dir wenig anderes übrig, als einen Therapeuten zu finden, der irgendwie »integrativ« denkt, das heißt, der dich nicht monopolistisch kleben will, der dich, in der Therapie oder zwischen den Therapien, spalten läßt, solange du es zum Überleben und zur Bewältigung deiner Panik brauchst; bis die Integration deiner Spaltungen ein von dir erstrebtes und für menschenmöglich gehaltenes Ziel wird, und nicht eine Forderung, die dich an die frühe Morddrohung gegen dein »wahres« Selbst erinnert.

Inzwischen habe ich mir auch genug Mut angeschrieben für das Geständnis, beim wievielten Analytiker ich gerade bin. Weder habe ich mich mehrfach umgebracht, wie seit zehn Jahren immer wieder das Gerücht geht und mir besorgte Anrufe bringt (obwohl mir ausgedehnte Selbstmordphantasien vielleicht beim Überleben geholfen haben), noch mache ich gerade meine zehnte Analyse. Ich bin seit zwei Jahren bei meinem siebten Analytiker, einer Frau. Zunächst fühlte ich mich auch gut aufgehoben: ich wußte, sie ist auch eine erfahrene Körpertherapeutin; ich hatte das ganze große Zimmer zur Verfügung, vorwiegend den Boden; Sitzsäcke und Stühle für die Inszenierung verwickelter Familiensituationen; und die Möglichkeit, bis zu meiner traumatischen Zangengeburt, den horrenden Angstzuständen, Verstümmelungsphantasien und der totalen Erschöpfung bis zur Leblosigkeit in ihrem Gefolge zu regredieren, ebenso zu den späteren panischen Verlassenheitsängsten.
All dies war vorbereitet durch frühere Zwischenerfahrungen in Gestalt- und Primärtherapie, wo es aber, da es meist nur zeitlich begrenzte Workshops oder auch mehrwöchige Intensivphasen waren, nie in eine tragende Beziehung eingebracht und integriert werden konnte. Ich konnte die frühen psychotischen Zustände und Momente des Auseinanderfallens nacherleben, konnte mich zu- und abwenden, mich krümmen und krabbeln, mich setzen und aufstehen, und wenn es mir gut ging, vor ihr tanzen; mich liegend an ihrem Gesicht festhalten oder sie mit giftigen Blicken zu vernichten versuchen. Ich konnte in einer Stunde achtmal einschlafen und sie wieder an meiner Seite vorfinden.
Dann hat sie *einmal* vergessen, mir ihre Herbstferien anzukündigen, und ich hatte einen depressiven Rückfall von mehreren Monaten. Doch auch ohne das unvorbereitete Ver-

lassenwerden, wohl aber angestoßen dadurch, erlebte ich dennoch und trotz der günstigen Bedingungen die Beziehungen bei kumulierter negativer Übertragung nicht als ausreichenden Schutz. In meiner Wut und Verzweiflung knüpfte ich Kontakte zu einem Kollegen mit der Frage, ob er mich übernehmen könne. Er zögerte erst, weil er gleichaltrig ist und mich für den erfahreneren Analytiker hielt, sagte dann aber zu. Außerdem fragte er, ob ich die Arbeit mit meiner Analytikerin schon beendet habe, das sei doch die Voraussetzung. Ich aber sagte ihm, ich wolle dort gar nicht aufhören, sondern brauchte ihn als väterlichen Halt in den für mich unaushaltbaren Übertragungskatastrophen mit der Mutter. Mit ihr hatte ich das neue Setting schon vorher in einem dreimonatigen Kampf durchgesetzt, bis sie es verstanden und akzeptiert hatte, ja zuletzt sogar begrüßte.

Der seither von keinem Rückfall unterbrochene Ausstieg aus der Depression erfolgte bereits in den Wochen vor dem wirklichen Eintritt in das Dreiecksverhältnis, hat sich aber dann gründlich stabilisiert. Die beiden kennen und schätzen sich, sprechen aber nicht über mich, außer ich würde es wünschen.

Er hat mir Abgründe mit ihr überbrücken helfen. Seit einiger Zeit finde ich eigene Brücken über die tiefen Spaltungen, und kann die beiden getrennt nutzen für weit auseinanderliegende Übertragungsfragmente, kann die Teile aber durch Berichte zusammenfügen. Da er selbst einiges religiöse Elend durchwandert hat, kann ich ihm, unter anderem, auch eine in sich gespaltene Gottesübertragung anhängen. Wenn ich auf dem Rücken liege und er sich über mich beugt, steigt neben dem Entsetzen über Gott auch jenes verlorene Gottesbild wieder auf, das einmal Halt gab, bevor es sich in einen Alptraum verwandelt hat.

Auch er ist Analytiker und ein erfahrener Körpertherapeut. Wenn er mir die Hand auf die Stirn legt und mit der anderen die Körperteile berührt, die ich ihm nenne, fügt er mich stückchenweise zusammen, bis ich es selber kann. Manchmal bin ich so erstarrt und mir selbst so entfremdet, daß auch der Herzschlag nicht mehr spürbar ist. Wenn er dann seine warmen Pranken auf meine Brust legt, gibt es zunächst stechende Schmerzen, dann fängt es wieder an zu klopfen. Beide Therapeuten halten manchmal einfach meinen Kopf fest, wenn ich auseinanderzufallen drohe oder in der Erstarrung nicht mehr sprechen kann.

Aus dem in vielen Fragmenten erlebten Guten in allen Therapien hatte ich einen Rest Hoffnung behalten, ich könnte eines Tages die Bruchstücke, die immer wieder durch Katastrophen in der Dyade auseinandergesprengt wurden, zusammenfügen. Ich glaube, die Hoffnung hat recht behalten.

## *Wenn das Badewasser kalt wird oder Körper, Seele und Sprache*

Die Psychoanalytiker sind in der Regel begeisterte Wort-Fans und Sprach-Liebhaber: wenn du alle deine Gefühle und Beschwerden klar in Worte fassen kannst, wenn du ES »verwörtern« kannst, wenn du deine »Sprachspiele« dechiffrieren läßt, wenn das Unbewußte »bewußt« und sprachlich mitteilbar wird, wenn Zuammenhänge »formulierbar« werden, wenn du grammatikalisch sinnvolle »Einsicht« produzierst, giltst du schon fast als geheilt. Wo Sprache und Gefühle und, soweit das in der Psychoanalyse möglich ist, Geste, Gebärde oder gar Körpersprache zusammenstimmen, oder wenigstens der Sprachklang als letzter ätherischer Rest des sonst arg vernachlässigten Körpers, dort mag dies auch zutreffen.

Für viele Gefühle und Konflikte ist die Sprache ein angemessenes Gefäß, und sehr zentrale Dinge lassen sich dorthinein abfüllen und aufbewahren. Wo der Zusammenhang von Affekt und Sprache verlorengegangen ist, kann ihn die Psychoanalyse in segensreicher Weise wieder zusammenfügen. Es läßt sich dann tatsächlich rechtfertigen, von »exkommunizierten« Worten oder Sätzen oder »Sinnzusammenhängen« zu sprechen, die aus der Lebenswirklichkeit herausgefallen sind, oder umgekehrt: von exkommunizierten, tabuisierten Affekten, die außerhalb eines Sprachzusammenhangs ihr Unwesen treiben oder dahinvegetieren. Sie zu benennen, ihnen Sprache zu verleihen, kann der Beginn ihrer »Wiedereingliederung« in die Gesamtpersönlichkeit sein. Manche meinen, durch den Wiedereintritt in die Sprache sei das Wesentliche sogar schon geleistet.

Die Formulierung aber: »Wo der Zusammenhang von Affekt und Sprache verlorengegangen ist«, die ich oben gebrauchte, enthält einen Hinweis auf einen mindestens ideell bestehenden »Zusammenhang«. Sehr grob ließen sich nämlich unterscheiden: Affekte, die sich im Kind bilden während oder im Kontext seiner Sprachentwicklung, so daß sie, falls nicht »Sprachlosigkeit« aus einer Reihe von Gründen sie überlagert, *potentiell* formulierbar wären, weil sie in eine Zeit der Entwicklung gehören, die in das kulturelle Sprachgeflecht bereits hineinragt; und Affekte, die sozusagen prinzipiell in die vorsprachliche Zeit der kindlichen Reifung gehören, vom Kind also anders signalisiert, erlebt, verarbeitet, gespeichert werden. Dies kann nur eine idealtypische Unterscheidung sein, weil sich die Phasen ja überlappen, weil Frühes später sprachlich faßbar werden, und weil sprachlich längst Beherrschbares in erregten Zeiten wieder in die Wonnen und Schrecken der Sprachlosigkeit versinken kann. Die Kritik aller eher körperbezogenen Therapieformen an der Psychoanalyse wendet sich gegen ihre einseitige Ausrichtung auf Sprache, ihre Überschätzung der Sprache, die häufig dazu führe, daß eine Verknüpfung von Sprache und Affekt, selbst wenn sie nur lose ist, schon als ein wesentlicher Teil der Heilung gilt. Dabei ist ja, aus je früherer Zeit die Affekte stammen, um so schwerer zu verifizieren, in welcher Menge, Qualität, und in welcher symbolischen Verschiebung, Lockerung oder Verdichtung die Affekte überhaupt in Worte zu fassen sind. Wir wissen im Grunde noch längst nicht genau, für welche Gefühle das Gefäß der Worte tauglich ist und für welche nicht.

In den meisten Therapien und Analysen findet, fast unmerklich, eine enorme Steigerung in der Wahrnehmung von Gefühlen und ihrer sprachlichen Faßbarkeit statt, so daß sich gerade die Grenzen zwischen sprachlich Greifbarem und dem Bereich des Vorsprachlichen, ja des im Grunde Unsprachlichen, verschieben. Dies spräche dafür, den Wörtern und Sätzen, den sich ausweitenden Möglichkeiten der Sprache zu trauen und am psychoanalytischen Prinzip der »Verwörterung« festzuhalten. Das ist besonders dort richtig, wo das Zögern vor dem Wort eher ein Widerstand vor einem im

Prinzip klar formulierbaren Konflikt ist, und nicht so sehr die Kluft zum schwer oder kaum Benennbaren, die zu überschreiten schwer ist. Nicht umsonst haben gerade eine Reihe von extrem »beredten« Schriftstellern immer wieder auf die Grenzen des Sagbaren, auf die Verzweiflung am Wort, auf das Verstummen, gar das Zerbröseln und Verfaulen der Wörter hingewiesen.

Das Ziel der totalen Verwörterung deiner Affekte und Konflikte in der Analyse ist an einem ganz bestimmten Punkt katastrophenträchtig. In schleichender Form ist das Unheil am häufigsten: alles ist benannt, mehrfach, geradezu umgepflügt mit Worten und Sätzen, aber: der emotionale Gehalt der Wortflut war mäßig, die Gehirnerweiterung ist beträchtlich, der Seeleninhalt ist unter Umständen sogar geschrumpft, du gehst schlauer, benennungskundiger, wenn nicht gar geschwätziger, aber emotional dürftiger aus der Analyse heraus. Ich rede, um es noch einmal zu wiederholen, nicht von der Summe des Geglückten, sondern vom »Ausschuß« des Verfahrens.
Es gibt aber auch die mehr verdichteten Katastrophen. Du redest, träumst, kriegst Deutungen, ihr »versteht«, aber du spürst, wie du in zwei Bereiche zerfällst, die immer weiter auseinandertreiben: das Benennbare und das, was du nicht in Worte fassen kannst, und was also oft außerhalb der Aufmerksamkeit, des Aufgreifens, des Verstehens, der Kommunikation bleibt. Du kriegst also, weil du so sehr vom Wahrgenommen-Werden abhängst, das dich erst *wirklich* macht und konstitutiert, einen wahrgenommenen, einen »mitteilbaren« Teil, und einen viel diffuseren nicht-mitteilbaren Teil. Natürlich wird dir jeder gute Analytiker helfen, den Bereich des Nicht-Mitteilbaren auszuweiten, er wird feine Zeichen des Unbehagens, Stimmungen, Körperhaltungen, Stimm-Klänge, Atemfrequenzen usw. aufgreifen, er wird seine Phantasie spielen lassen, in welchem Stadium der Regression er dich wähnt, er wird dir seine Gefühle und

Bilder zur Verfügung stellen. Dann hast du Glück. Aber er kann blockiert sein, er kann es nicht gelernt haben, er kann in einem Ausmaß an Wörter und Sätze glauben, daß du, von diesem Glauben angesteckt, lange nicht merkst, daß ein Teil von dir im Wortlosen verkümmert. Du magst, berechtigt oder nicht, das Gefühl haben: er mag es nicht, wenn ich laut werde, wenn ich nur noch Laute mache, wenn ich mit den Händen rede oder nur noch Augenkontakt suche, wenn ich verstumme, oder gar wenn ich flüstere. Hast du je versucht zu flüstern? Hat er dich, da du vielleicht nie darauf kamst, ermutigt? Du wirst staunen, wie sich die Gefühle verändern! Obwohl es noch die gleichen Worte sind, die du sagst, wiegen sie plötzlich schwerer vor Gefühl, Nähe, Verschmelzung. Flüstern kann ein Übergang sein von der klaren Rede zur Verständigung in Lauten.
Du mußt leider selbst herausfinden, ob der Bruch in dir zwischen Sagbarem und Unsagbarem durch die Therapie verstärkt wird und zu einer neuen Form unheimlicher Spaltung sich verfestigt. Das Setting mit seinen nicht mehr thematisierten Imperativen: »Fasse alles in Worte!«, kann wiederum eine frühe Familienkonstellation wiederholen: gerade wenn du schizoid bist, wenn das saftige, dralle Gefühl, eine selbstverständliche Nähe usw. bei euch zu Hause nicht zu lernen war, dann hast du nach der Sprache geschnappt wie nach einem Rettungsring. Eigentlich müßte man dir für einige Zeit das Reden überhaupt verbieten. Aber du, was machst du? Du gehst in eine talking-cure. Paß einmal auf wichtige Momente in der Therapie auf: du sitzt oder liegst und erlebst merkwürdige Dinge. Du möchtest dich mitteilen, du hoffst dringend, daß deine Zustände verstehbar werden könnten, und weißt doch ganz genau: sobald ich den Mund aufmache, ist alles nur noch falsch. Das erste Wort, und du bist ein vergreister Säugling, ein Conferencier ohne Boden; altklug; im falschen Stockwerk! Und du spürst: die Sprache zieht dich auf falsche Geleise, du wirst zwar ruhiger, wenn du anfängst zu sprechen, aber du verrätst einen wichtigen Teil,

folgst einer Konvention, die dich irreal macht, du opferst einen Teil deines Selbst den Worten und der Grammatik. Es ist so verlockend: sobald du redest, wirst du aufgefangen von Antwort, von Einfühlung, von Deutung und Verstehen. Du bist am Ufer. Scheinbar! Du baust eine Brücke, und er kommt dir entgegen. Die Brücke trägt, aber deine bessere Hälfte bleibt am anderen Ufer.
Was fängt er an mit deinen vorsprachlichen Zuständen? Kannst du ihm wenigstens mitteilen, daß sie da sind? Oder wirst du konsequent aufs Sprachparkett gezerrt, sozusagen ins Licht einer falschen, begrenzten Wort-Öffentlichkeit. Darfst du den Worten mißtrauen? Dich vorübergehend von ihnen verabschieden? Darfst du ihm seine Worte als Gefäße ohne Boden zurückgeben? Kannst du die kleinen, unscheinbaren oder auch wuchtigen passageren Symptome sprechen lassen? Ein leichtes Frieren, eiskalte Hände, Schweißausbrüche, Herzklopfen, Druck im Kopf, eine Verschlechterung deiner Sehkraft, ein Würgen im Hals, ein Jucken im After, Mühe beim Luftholen, Schwindel, trockenen Mund, Schwebegefühle, Blähungen, Harndrang und viele, viele andere Dinge? Die meisten sind ja noch benennbar. Und die schwerer benennbaren? Daß du fürchtest, dich im Zimmer, oder in der Nähe seiner Person, aufzulösen? Daß er dir meilenweit entfernt vorkommt, obwohl du ihn hinter dir rascheln hörst oder er vor dir sitzt? Daß dir die Couch vorkommt wie eine Badewanne, in der das Wasser langsam kalt wird? Daß du dich wie in rasch wechselnde Magnetfelder einbezogen fühlst?
Wenn mißglückte Verschmelzung mit der frühen Mutter eines deiner Gebrechen ist, watest du lange Zeit in vorsprachlichen Sümpfen. Du nimmst ihn kaum noch als ganze Person wahr, höchstens als wohltätige oder schreckliche Substanz im Raum, und trotzdem sollst du mit ihm reden, als wüßtest du schon, wo sich die Worte bilden, wo sie ein und aus gehen, und daß sie Botschaften zwischen zwei getrennten Personen transportieren sollen. Du kannst noch kaum lallen

und sollst schon telefonieren. Kopfgeburt, Kopffüßler, Maulheld und Gehirnakrobat! Sei dankbar für die Bretter, die du ab und zu vor der Stirn hast! Der Sprachbohrer soll dir ruhig immer wieder abbrechen! Hör auf deine Körpersymptome! Wenn du sie nicht fassen kannst, beschreib sie einfach, damit der Typ hinter dir merkt, daß in dir noch anderes vorgeht als Wortsalat mit vorfabrizierter Gefühlssoße. Mißtraue dir selbst und deinem altklugen Gerede. Endgültig an deinen tieferen Konflikten vorbeireden ist schlimmer als ein mühsames, angsterfülltes, tage- oder wochenlanges Verstummen. Wie signalisierst du, daß du verstummen *mußt*, um deine Ganzheit zu retten? Daß Worte Falschgeld sind? Daß nur deine Eingeweide noch sprechen, deine Haut, dein Herzschlag oder das Sirren der Angst, der feine Schweißgeruch, der längst überduftete frühe Gestank aus zu lange nicht gewechselten Windeln?

Darfst du, in der Phantasie wenigstens, mit ihm verschmelzen, ein Teil seines Körpers werden, weil das mit der Mutter aus irgendeinem Grund nicht möglich war? Sie war vielleicht krank, depressiv, sie hat sich geekelt, sie konnte deine Lebendigkeit oder eben gerade deine symbiotische Gier nicht ertragen, deine Grenzverwischung zwischen dir und ihr, die ihr nun plötzlich die mühsam gewonnenen Konturen wieder raubte? Kannst du das mit ihm? Oder kühlt er mit vorschnellen Deutungen das Badewasser ab, damit du endlich aussteigst, dich abtrocknest und ihm als fertiges, konfliktfähiges Persönchen gegenübertrittst. Spricht er von »maligner Regression«, wenn du dich ein paar Stunden lang krümmst wie ein Säugling und nur noch wimmerst oder schnurrst, statt dich klar zu artikulieren? Kannst *du* die Phantasie zulassen, du säßest noch einmal in seinem Bauch und möchtest noch einmal ausgebrütet werden? Hält *er* diese Beziehungsform, die für Mund und Kopf nicht sehr unterhaltsam ist, aus? Kann er sie gar für dich andeuten, formulieren, phantasieren, wenn du selber gar nicht draufkommst? Anders gesagt: hat er noch Zugang zum Kleinkind und zum Baby in sich selbst,

kann er diesen Zugang wenigstens aufrechterhalten durch das, was er gelegentlich beobachten kann mit Kindern, oder ist er zum Verzweifeln erwachsen oder festgefahren in der Position des selber altklug gewordenen Kindes, das für alles eine Erklärung parat hat und die Welt für ausreichend erfaßt und benutzt hält, wenn sie »verwörtert« ist?
Willst du die drohende Katastrophe der Spaltung in Sprache und Schweigen ertragen, kannst du sie mildern, oder mußt du, um sie zu vermeiden, gehen?

## *Hiob, Johannes oder Jesus: Wozu warst du auserwählt?*

Falls du einst ein frommes und gottgefällig fühlendes Mädchen warst, sei nicht verstimmt, wenn ich das Grundmuster deiner Gottesbeziehung nicht gleich in der Überschrift richtig erfasse, sondern nur Männer nenne. Es kommt daher, daß ich mich weniger gut auskenne in weiblichen Gottesneurosen. Du hast vielleicht in deinen Träumen oder Tagträumen mit Jesus zutraulich im Sandkasten gespielt oder ihn zum gutmütigen Freund gehabt, oder du warst ziemlich sauer, wie ich es auch schon gehört habe, daß Jesus ein Mann war, es in der Bibel überhaupt ziemlich patriarchalisch zugeht. Immerhin, das Christkind war zur Identifikation wohl auch für dich zugänglich, nebst Maria, Maria Magdalena, viele Heilige, und so weiter.

Oder hat über allem ein strenger Gott residiert, der dir moralisch gesinnt war, streng und einschüchternd, oder hat er dir über manche Familienunbill tröstend weggeholfen und sich erst später verwandelt zu etwas Schlimmem? Mußtest du ihn zum Ersatz machen? War er eine eigene gewichtige Figur oder mehr großväterlich im Hintergrund? War er ein Erziehungsinstrument? Hast du ein gespaltenes Bild, einen Helfer und einen Verdammer, einen Vertrauten und einen, der dir absurde oder unmögliche Dinge abverlangt und ruhig und kühl seine Dossiers über dich anlegt, weil seinem geheimdienstlichen Auge nichts entging?

Mit einer soliden Gottesneurose bist du bei vielen Therapeuten aufgeschmissen. Das herkömmliche Übertragungsmodell ist weitgehend »familialistisch« strukturiert, Papi, Mami, Geschwister, Großeltern, Kindermädchen, Onkel und Tanten, das ist geläufig, inzwischen auch Fragmente oder Verkleisterungen dieser Figuren, auch Verdichtungen der Familienatmosphäre, sozusagen als Stimmungs-Suppe. In der

Übertragung Gott zu sein, ist für viele Analytiker noch befremdlich. Aber davon später. Zunächst zu deinen Schwierigkeiten. Auch du magst gegen eine Gottesübertragung mehr Widerstand, Scham und Antipathie entwickeln, als gegen den üblichen Sexualkram, Aggressionen, Selbstwertzweifel, Idealisierung und Verachtung. Du hältst dich vielleicht für einen längst emanzipierten Menschen, bist hocherhobenen Hauptes aus der Kirche ausgetreten, lächelst milde, wenn dich einer fragt, ob du noch betest, gehst in Kirchen nur mit aufgeschlagenem Kunstführer usw. und wirst regelrecht böse, wenn aus deinem Kindergemüt Zeichen der Andacht, der Gläubigkeit oder gotteslästerliche Anwandlungen auftauchen; wenn du unwillkürlich auf der Couch immer wieder die Hände faltest oder im Behandlungszimmer plötzlich Weihrauch riechst oder etwas entsprechendes Protestantisches oder Jüdisches. Du sehnst dich auf Abrahams Schoß oder in die Nähe von Gottes Thron oder unter den vielversprechenden Mantel der Mutter Gottes oder liegst in der Krippe oder hast bei Deutungen plötzlich das Gefühl, das seien heilige Worte oder gar substantiellere Dinge wie Hostie oder Abendmahlsbrot.
Wenn solche Themen sich vorsichtig regen, lauschst du wie ein Luchs auf Töne und Nebentöne in seiner Stimme, fürchtest Unverständnis, Gleichgültigkeit oder Spott oder auch nur ein unmerkliches Ablenken, Herunterspielen. Du bist unter Umständen rasch verschreckt, wenn der Ton nicht ganz stimmt, freust dich vielleicht sogar, wenn du meinst, er halte das alles für nicht sehr wichtig, und bist dankbar, wenn er, wo du Gott gemeint hast, weiter nach dem Vater forscht, weil er die beiden für allzunahe verwandt oder austauschbar hält. Zwar treten Pfarrerssöhne und Pfarrerstöchter häufig auf in diesem Beruf, aber das ist keine Garantie dafür, daß sie zu diesen Fragen ein ausgeglichenes Verhältnis gefunden hätten. Du konfrontierst sie unter Umständen mit Dingen, an denen sie sich in ihrer eigenen Analyse selbst vorbeimogeln konnten, oder in denen sie, nach strenger freudianischer Tra-

dition, wenig einfühlsamen therapeutischen Beistand fanden. Bei den Jungianern soll es anders sein, aber da kenne ich mich zu wenig aus.
Die Erlebnisse, die du als betendes Kind oder als Kind in der Kirche hattest, in die Übertragung auf der Couch oder gar im Sitzen zwischen euch zu bringen, ist wirklich schwer. Es gibt kaum etwas Intimeres als Beten und die Gottesbeziehung in der Stille, vor allem dann, wenn Gott in der Familie für dich die Rückzugsinsel war, ein Zufluchtsort, zu dem die oft verständnislosen Erwachsenen keinen Zutritt hatten. Menschliche Figuren auf den Analytiker, der in gewissem Sinn ja auch ein Mensch ist, zu übertragen, mag noch angehen. Gut, das Ausmaß deiner Verwechslung, Projektion und Spinnerei kann dir oft peinlich sein, immerhin bleibt es in einem faßbaren Rahmen. Aber auf einen Menschen Gott zu übertragen, oder auch nur religiöse Stimmungen, Hoffnungen und Erwartungen, das kann dir zu kränkend, zu grotesk erscheinen, demütigend oder verrückt. Natürlich gibt es Umwege: ihr könnt darüber sprechen wie über etwas Drittes. Aber die Grundtatsache bleibt, daß auch diese Gefühle in die Übertragung drängen, und die große Frage ist, ob sie dort einen angemessenen Platz finden. Genauso, wie es lange gedauert hat, bis die Therapeuten gelernt haben, in der Übertragung auch unkonturierte Objekte, Teilobjekte, Stimmungen, projizierte und verzerrte Selbstanteile wahrzunehmen und aufzugreifen, so braucht es Zeit, bis sie sich in religiösen Übertragungen zurechtfinden. Heinz Kohut hat an irgendeiner Stelle das Beispiel erwähnt, wo ein Patient ein liturgisches Thema berührte und der Analytiker spontan und leider sehr rasch sagte: »Ich bin nicht katholisch«, und damit das Thema und vielleicht eine ganze Dimension abschmetterte. Ich bin auch nicht katholisch, trotzdem riecht es manchmal nach Weihrauch in meiner Praxis, obwohl ich meist nur Old Holborn paffe. Der eignet sich dann aber auch genausogut für den Schwefelgeruch des Satans.
Ich selbst habe mir ziemlich früh den Moses als Freund und

Identifikationsfigur an Land gezogen, wurde auch, ohne viele religiös-staatsmännische Leistungen vorgewiesen zu haben, als Schüler oft neckisch so gerufen, und ruhte auch in einer Analyse nicht eher, als bis ich vor dem Analytiker kniete wie selbiger vor dem brennenden Busch, aus dem der erwählende Ruf kam, und erlebte die intensiven religiösen Schauer der Kindheit wieder. Leider galt das eher als skurrile Episode, die wirkliche Arbeit an diesen Dingen hat erst lange Jahre später begonnen, wie weiter oben erwähnt.

Das Eigenartige ist, daß es auch in der frühen Beziehung zur Mutter Phasen gibt, die intensive religiöse Stimmungen enthalten, Momente von andächtiger Feierlichkeit, von grandioser Verschmelzung, Phantasien von gütiger, allumfassender Macht. Auch diese Phasen, die oft die Basis späterer Gotteserfahrungen bilden, machen vielen Analytikern Unbehagen, weil sich, auch wenn von Gott gar nicht die Rede ist, der Raum um die Mutter-Kind-Dyade in solchen Stadien wie von selbst in einen sakralen Raum verwandelt.

Es sind schon sehr eindrucksvolle Phasen in einer Analyse, wenn ein eingeschworener Atheist, der seine Überzeugung im Lauf der Jahre mit vielen Argumenten und Theorien untermauert hat, über einige Wochen um das Haupt des Therapeuten eine Aura zum Greifen deutlich sieht oder überzeugt ist, daß sein Bart inzwischen weiß und lang geworden ist. Es ist auch erschütternd, wenn ein Patient es braucht, das Hosenbein des Analytikers für einen Moment so zu halten, als sei es der rettende Zipfel des Mantels Gottes. Da blieb mir auch erst mal die Spucke weg, es wäre mir zunächst wohl auch angenehmer gewesen, die Sache mit dem Patienten im Liegen und im Phantasieren abzuhandeln. Aber die Inszenierung war drängend, wahrscheinlich notwendig, weil die Unterscheidung zwischen Gefühl, Symbolbildung, Realität und Körperbeteiligung noch ganz unsicher war. Jede komplizierte, nicht objekthaft konturierte Übertragung führt zu leichten oder schwereren vorübergehenden Entfremdungserlebnissen und berührt eigene Konflikte des Analytikers.

Ebenso eine Gottesübertragung, die ein oft stillgelegtes Fragment des Ur-Narzißmus wiederbelebt. Ein Teil des Widerstandes übrigens, den du als Patient gegen die Wiederholung dieser Dinge hast, rührt daher, daß du fürchtest, der Therapeut halte diese extreme Erhöhung nicht aus, mißbrauche sie oder schiebe sie, wie in Kohuts Beispiel angedeutet, vorschnell beiseite, um eigenen peinlichen Gefühlen zu entgehen.
Bevor du also an deinem Analytiker zweifelst, ob er diese Dinge mit dir durcharbeiten kann, fasse dich wiederholt an deine eigene Nase bzw. an deinen leicht verstaubten Heiligenschein, und prüfe erst einmal deinen Mut oder deine Verschleierungskünste und Ängste vor einem Wiedererleben deiner gotteskindlichen Vorzeit. Wenn du sicher genug bist, daß du da durchmußt, wenn du schon konkretere Ahnungen und Phantasien hast, Stimmungslagen, die sich nicht mehr abweisen lassen und dich eindeutig an Kirchliches erinnern, und du willst, trotz seines Zögerns oder seiner Unbeholfenheit, daran arbeiten, dann kannst du ihn auch führen, ihm sagen, was du an Haltung, Einfühlung, Toleranz und Spielraum brauchst. Natürlich hast du nicht viel Rückhalt in der Literatur, kannst diese Übertragungskonstellation nicht in den Lehrbüchern nachlesen und ihn mit der Nase darauf stoßen. Wohlgemerkt, ich spreche wiederum nur von den Analysen, in denen du nicht recht landen kannst und fürchtest, mit diesen wichtigen Dingen isoliert und im analytischen Abseits bleiben zu müssen. Du kannst ihn ja sogar direkt fragen, etwa anläßlich eines Traumes oder einer plötzlichen Wiederbegegnung mit einer Erinnerung, ob er sich in der Lage fühle, vorübergehend auch *Gott* in der Übertragung zu sein. Du trägst die Verantwortung, dir den therapeutischen Boden zu bereiten für diesen Teil der Reise, oder ihn zu prüfen.
Es spricht im Prinzip auch noch nicht gegen die Qualität der Therapie, wenn sie sich konsequent im familialistischen Rahmen hält, weil er dort sein Metier versteht. Du kannst dir

immer noch sagen: falls es mich weiter bedrängt, werde ich daran später mit jemand Anderem weiterarbeiten, und in der gegenwärtigen Therapie erledigen, was es zu erledigen gibt.

Da aber manche religiösen Gefühle ihren Ursprung in sehr frühen Phasen haben, wo du als Kleinkind sozusagen von Berufs wegen noch ab und zu psychotisch reagierst, und weil sich auch später noch religiöse Gefühle mit den psychotischen Anteilen deiner schönen Seele verkleistern können, gibt es zur Aufarbeitung einer religiös eingefärbten Neurose bei manchen Therapeuten Grenzen; vor allem, wenn sie rein familialistisch denken und mit deinen psychotischen Frühstadien und deinem Bedürfnis nach und deiner Angst vor umfassenden Objekten Mühe haben. Dann bist du wieder ganz allein und mußt herausfinden, ob ihr überhaupt die richtige Ebene entdeckt, auf der sich einige deiner Hauptübertragungen abspielen wollen. Bevor ihr euch in langjährige Irrwege verstrickt, in Versuche, deine Seele doch noch nach gängigen Mustern zu durchforschen oder gar zurechtzubiegen, bevor ihr mit scharfem analytischem Kunstlicht dort arbeitet, wo es um Götterdämmerung geht, solltest du prüfen, ob du das willst, oder, falls du schon einige Jahre dabei bist, wie lange du das noch willst. Hier kann sich deine prinzipielle, weil religiös fundierte Leidensbereitschaft austoben, und du ringst um das Verständnis deines Therapeuten ebenso vergeblich wie früher um die richtige Antwort Gottes in seinem unwirtlichen Schweigen. Du zappelst in einem Setting, dessen apokalyptische Einfärbung ihr nicht erkennt, und schon wiederholst du ein Trauma, ohne den Schlüssel zum Ausstieg zu finden. Falls du das Gefühl oder die Überzeugung hast, mit dem zentralen Kern deiner religiösen Neurose nicht landen zu können, dann ist das weder für dich noch für ihn eine Schande. Ihr müßt es nur merken, oder du allein mußt es merken. Denn wenn du nicht rechtzeitig aussteigst, hast du nicht nur ein Gefühl des Scheiterns wie in anderen mißglückenden Therapien. Es kann für dich die Dimension der Verdammnis, des Verworfenseins annehmen, du hast nicht nur das Gefühl, einen Menschen nicht zu erreichen, sondern auch eine ehemals als rettende phantasierte, übergeordnete Gestalt, und du lebst dann nicht nur in der Wüste, sondern richtest dich ein in der Hölle.

Da du Höllenängste längst kennst, will ich auch noch kurz vom Teufel sprechen. Wenn du dich früh nicht nur von Gott mißverstanden oder überfordert fühltest, sondern tief verdächtigt oder abgelehnt oder aus dem Himmel rausgeworfen, dann lag es nahe (je nach der Konkretheit der bildlichen Angebote), dich mit dem Teufel zu identifizieren, oder mit wichtigen Eigenschaften von ihm. Das mag tief vergraben sein; ein verzweifeltes Kind kann nicht anders, als sich Vorbilder und Orientierungsgestalten suchen, weil Chaos und Verwirrung noch schlimmer sind als die Klarheit: na gut, dann bin ich eben der Teufel oder von ihm besessen. Manche deiner bösen Gedanken und Gefühle sind dir, eine entsprechende Umgebung vorausgesetzt, anders gar nicht faßbar gewesen als in diesen Dimensionen. Also mußt du sie seelisch wieder inszenieren dürfen, um sie zu begreifen und zu überwinden. Wenn er selbst nun nicht an den Teufel glaubt und dies nur für Literatur, Kirchengeschichte oder Allegorik hält, wenn er also nicht fassen kann, daß du in einer bestimmten Schicht wirklich der Teufel bist, dann nimmt er dich sozusagen nicht wahr, du fühlst dich verharmlost, vermenschlicht, bevor es wirklich stimmt, und mit dem Abgründigen alleingelassen. Das kann dich zunächst sehr dankbar stimmen: »Er hält mich nicht für den Teufel, als den ich mich sah, oder vermeintlich der Priester, oder Gott, oder die Mama.« Und du kommst dann auch nicht an deinen Größenwahn heran, an dein Potential, als Gott die Welt entweder neu zu schaffen, oder als Teufel sie zu vernichten, mindestens zu verwirren und ins Chaos zu stürzen.

Du kannst dann sogar das Gefühl haben, deine Umgebung, ja auch der Analytiker, seien eigentlich in ihrer Naivität in deiner Hand, sie haben es nur noch nicht gemerkt, und dabei wünschst du dir doch, *du* könntest vertrauensvoll in *seiner* Hand sein, obwohl du satanische Kräfte hast. Dein Therapeut, falls du wirklich aus diesem Sumpf herauskommst, muß Gott und der Teufel sein können, damit er dich verstehen und halten kann. Bringt er das nicht, dann hole dir, was geht, und suche mit deinem metaphysischen Ballast einen anderen.

# *Schlußwort*

Nun heißt es Abschied nehmen. Falls du nicht wütend oder enttäuscht aufgegeben hast, habe ich dich ein Stückchen begleitet durch deine therapeutischen oder vortherapeutischen Erfahrungen, oder du hast mich beim Nachdenken über meinen Beruf und meine Erfahrungen als Patient begleitet.
Eine hochgeschätzte sachkundige Nicht-Therapeutin und Nicht-Patientin hat mich gefragt, ob ich nicht noch etwas schreiben könne über die Frage, wie man eigentlich Patient werde. Aber diese Frage ist schwer zu beantworten. Da gibt es Brutzeiten zwischen einer Sekunde und zwei Jahrzehnten oder mehr. Den einen erwischt's bei der Lektüre, bei der er sich wiederfindet und Hoffnung schöpft; dem andern macht ein Freund oder der Hausarzt Mut; der dritte lernt ganz zufällig (gibt's ja gar nicht) auf einer Party einen Analytiker kennen und findet ihn weniger blöd, als er sich die Spezies ausgemalt hat, und ist so erstaunt darüber, daß er sich sagt: Aha, ein Wink des Schicksals, und springt in den Fahrstuhl. Wieder andere ächzen ein paar Jahre, wissen, daß sie's tun sollten, beißen weiter die Zähne zusammen, oder löchern sämtliche Bekannte, die schon dabei sind, mit Fragen darüber, wie es denn sei; und dann brechen sie beim Skifahren das Bein und wissen endlich: das ist jetzt psychosomatisch und geschieht dir ganz recht, und jetzt hab ich's kapiert. Oder in vielen Fällen gelingt es auch einem Freund, Partner oder Ehepartner, den andern zu überzeugen, daß vorwiegend *er* spinnt oder an der unheilbaren Beziehungskiste schuld ist, und der schleicht dann eines Tages eben doch betreten zum Therapeuten und sagt: Meine Frau (oder mein Mann) hat wohl recht, ich sollte zum Psychiater. Man kann ja bei der Krankheitseinsicht auch arbeitsteilig verfahren! Im Normalfall aber (gibt's schon wieder nicht) leidet einer und gewinnt aus Lektüre, Gesprächen und Ratschlägen allmäh-

lich die Vorstellung: da könnte ein Therapeut vielleicht helfen, und marschiert eben los.
Möglicherweise stehst du gerade so auf der Schwelle herum, und das Buch hilft dir, die Sache nochmal zu überdenken oder die Patient-Werdung überhaupt aufzugeben. Oder du kapierst, daß du auf dich aufpassen mußt bei der Suche nach einem solchen Reisepartner ins bisher Unwegsame, und du verfeinerst den Kompaß der Seele.
Du kannst aber auch auf der Schwelle zum Nicht-mehr-Patient-Sein stehen und überprüfst beim Lesen noch einmal, was alles vor sich gegangen ist. Mit dem letzten Rest von Schalk kann ich aber denen, die gerade in einer tiefen Zweifelskrise sind, ob sie bei ihrem Therapeuten in guter und sachkundiger Hand sind, und denen die Überlegungen und Wahrnehmungshinweise noch keine Klarheit gebracht haben, sagen: Die Art, wie dein Therapeut mit diesem Buch oder mit deiner Lektüre oder deiner erneuten Prüfung umgeht, könnte ja auch ein Hinweis sein, ob er Zweifel, erneute Überprüfung, Ironie, die Sichtbarkeit seiner Grenzen usw. erträgt, oder ob er sich durch eine diplomierte Humorfreiheit auszeichnet. Denn die Forscher sagen: auf die Persönlichkeit des Therapeuten kommt's mehr an als auf die Methode, und es bringt dir nicht viel, wenn du weiterhin an die Methode glaubst, wo es doch menschlich nicht so ganz stimmt zwischen euch.
Aber bei den meisten stimmt's ja, und am schönsten wär's, du könntest das alles lesen wie einen großen TÜV-Fragebogen über deinen Wagen bzw. Analytiker und feststellen, daß er durchaus vier Räder hat, die Bremsen noch greifen, wenn du mit aller Kraft drauftrittst; daß auch die Hupe geht und der Blinker, und die PS-Zahl mindestens halb so groß ist wie in deiner Phantasie und daß nur in einigen Kabeln ein paar Knoten sind, die Abgaswerte durchaus noch normal und nicht mehr als drei Schrauben auf *nicht* lebensgefährliche Weise locker. Damit kannst du also durchaus weiterfahren, wenn du dich bloß von deinen Hoffnungen auf einen

Formel-I-Sieg trennen könntest, die sind doch eh nur lästig.
Allerdings sage ich so vieldeutig wie möglich: Ich hoffe, deine Therapie ist nicht ganz Freud-los, auch wenn du gerade erst Jung-verheiratet bist; ein blindes Huhn findet auch mal einen Perls, wenn es vorher nicht ein Adler frißt. Oder Janow, Lowen, Moreno, oder der Teufel soll dich holen. Adieu.